MEU MAPA ASTRAL
DC
recursos das páginas 13 e 172.

BRUXARIA e ASTROLOGIA

Título do original: *The Witch of the Forest's Guide to Astrology Magick*.

Publicado pela primeira vez em 2022 pela Leaping Hare Press, um selo da The Quarto Group.

The Old Brewery, 6 Blundell Street – Londres, N7 9BH, Reino Unido

Fone (0) 20 7700 6700

www.QuartoKnows.com

Impresso na China

1ª edição 2024.

Ilustrações da Capa e do Miolo Viki Lester da Forensics & Flowers.
Design Gráfico Georgie Hewitt.

Editor: Adilson Silva Ramachandra
Gerente editorial: Roseli de S. Ferraz
Gerente de produção editorial: Indiara Faria Kayo
Editoração eletrônica: Join Bureau
Revisão: Erika Alonso

Dados Internacionais de Catalogação na Publicação (CIP)
(Câmara Brasileira do Livro, SP, Brasil)

Squire, Lindsay
Bruxaria e astrologia: guia prático para entrar em sintonia mágica com os 12 signos do zodíaco / Lindsay Squire; ilustrado por Viki Lester; tradução Denise de Carvalho Rocha. – 1. ed. – São Paulo: Editora Pensamento, 2024.

Título original: The witch of the forest's fuide to astrology magick
ISBN 978-85-315-2329-8

1. Astrologia 2. Bruxaria I. Lester, Viki. II. Título.

23-171882 CDD-133.5

Índices para catálogo sistemático:
1. Astrologia 133.5
Cibele Maria Dias – Bibliotecária – CRB-8/9427

Direitos de tradução para o Brasil adquiridos com exclusividade pela EDITORA PENSAMENTO-CULTRIX LTDA., que se reserva a propriedade literária desta tradução.
Rua Dr. Mário Vicente, 368 – 04270-000 – São Paulo – SP – Fone: (11) 2066-9000
http://www.editorapensamento.com.br
E-mail: atendimento@editorapensamento.com.br
Foi feito o depósito legal.

FSC
www.fsc.org
MISTO
Papel | Apoiando uma gestão florestal responsável
FSC® C016973

LINDSAY SQUIRE
Ilustrado por VIKI LESTER

BRUXARIA e ASTROLOGIA

Guia prático para entrar em sintonia mágica com os 12 Signos do Zodíaco

Tradução
Denise de Carvalho Rocha

Editora Pensamento
SÃO PAULO

MINHA HISTÓRIA

Embora eu seja uma Bruxa praticante há mais de dez anos, a astrologia tem desempenhado um papel importante na minha prática há cerca de seis anos. Assim que comecei meus estudos astrológicos e aprendi seus fundamentos básicos, fiquei viciada.

Quando um astrólogo profissional interpretou meu mapa astral pela primeira vez, isso foi para mim uma revelação. Ele realmente me ajudou a entender a mim mesma e a compreender meu comportamento. Foi quase como se eu tivesse conseguido a chave para o meu desenvolvimento pessoal. A astrologia me ajudou a crescer em muitas áreas diferentes da minha vida.

Todo mundo tem um mapa astral. Trata-se de uma fotografia do céu no momento exato do seu nascimento, que inclui a posição de estrelas, planetas e outros corpos celestes, como asteroides. As posições desses astros podem ser interpretadas para ajudar você a entender seu comportamento num nível muito mais profundo.

Existem muitos tipos de astrologia. Um tipo popular é a astrologia kármica, que defende a crença de que estamos todos num ciclo infinito de vida, em que nascemos várias vezes, em diferentes formas. Ao longo dessas vidas, acumulamos karma, que são ações e padrões comportamentais negativos. A astrologia kármica trata de compreender a bagagem kármica das suas vidas passadas e como elas moldam sua vida na encarnação em que você está agora. Outro tipo é a astrologia evolutiva, que se concentra no caminho evolutivo da alma ao longo de todas as diferentes vidas que ela viveu anteriormente. A astrologia natal é um sistema que talvez você já conheça, pois é baseado em seu mapa astral e aprofunda a compreensão de cada parte dele.

Se você é iniciante em astrologia, ou se já estuda e pratica essa ciência há anos, espero que este livro a ajude a entender os fundamentos da astrologia ocidental. Independentemente de você praticar Bruxaria ou não, espero que ele possa ajudá-la a usar a astrologia como um instrumento para entender melhor a si mesma e as outras pessoas. Se você é uma Bruxa, este livro mostrará como incorporar a astrologia à sua prática. É uma honra poder caminhar com você neste ramo da sua jornada, assim como você sempre esteve presente na minha.

Lindsay

COISAS PARA VOCÊ SABER ANTES *de embarcar em sua jornada através deste livro:*

A astrologia pode parecer complicada no início, mas não desanime

Diante de tantos termos, palavras e conceitos novos, a princípio você pode achar que a astrologia é uma espécie de linguagem impenetrável, mas por favor, não desanime. Essa é uma linguagem que você pode aprender! Este livro explica os fundamentos da astrologia de uma forma acessível, usando seu mapa astral como base. Ele ajudará você a interpretar cada parte do mapa astral, para que possa usar a astrologia na prática, em sua própria vida.

Não saber seu horário de nascimento não é um impedimento

Nem todo mundo sabe o horário em que nasceu, mas isso não significa que você não possa aprender muito com o seu mapa astral. Uma solução é usar uma tabela do nascer do Sol. Tudo o que você precisa fazer é descobrir o horário em que o Sol nasceu no dia do seu nascimento e o local em que você nasceu e usar essa informação como seu horário de nascimento ao calcular seu mapa num *site* de astrologia. Esse é um horário com o qual estamos em sintonia, pois ele representa o "nascimento" de um novo dia, no dia exato em que viemos ao mundo. O mapa calculado será menos preciso do que se você utilizasse seu horário de nascimento correto, mas, ainda assim, ele poderá lhe propiciar uma boa compreensão de si mesma e de quem você é.

A astrologia pode ajudar você a se entender melhor

A interpretação dos vários elementos do seu mapa astral pode ajudá-la a obter uma compreensão mais profunda de quem você é, do seu comportamento e da razão por que se comporta assim. A astrologia também pode ajudá-la a entender os traços de personalidade e peculiaridades que a tornam uma pessoa única, possibilitando uma compreensão melhor do propósito da sua alma. O seu mapa pode ser uma chave para o seu desenvolvimento pessoal e auxiliá-la a crescer como pessoa de maneiras que você nunca imaginou. Uma compreensão melhor de si mesma pode levá-la a aceitar seu jeito de ser.

A astrologia é um instrumento incrível para você descobrir sua força pessoal e cuidar melhor de si mesma

O autocuidado se manifesta de muitas formas diferentes, e seu mapa astral revelará quais métodos funcionam melhor para você. A decisão de dedicar um tempo ao seu autoconhecimento, lançando mão das camadas de significado do seu mapa astral, é um tipo de autocuidado. A astrologia pode revelar seus pontos fortes e seus talentos, aumentando, assim, a sua autoconfiança e sua força pessoal. Ela também pode mostrar seus pontos fracos, mas de uma maneira que estimule você a superá-los.

Você não precisa ser uma Bruxa para estudar Astrologia

A antiga combinação Bruxaria e astrologia é poderosa; no entanto, nem todas as Bruxas estudam astrologia. Por outro lado, nem todo astrólogo ou pessoa interessada em astrologia pratica Bruxaria. Elas podem funcionar bem juntas, mas são, basicamente, duas práticas distintas. Quem pratica uma não pratica necessariamente a outra. Essa é uma escolha absolutamente pessoal, por isso faça o que lhe parecer melhor.

Aviso: Este livro inclui ervas, plantas, resinas e temperos associados a diferentes signos, planetas e casas astrológicas. Ao trabalhar com plantas, saiba que é preciso seguir algumas regras básicas. Praticamente todas as receitas deste livro são para uso externo. Não consuma nenhum dos ingredientes se a receita não tiver orientações expressas para que você faça isso ou se você não tiver certeza de que não vai apresentar nenhuma reação alérgica ou outras reações adversas. Em caso de dúvida, procure orientação médica. Nunca ingira ou toque uma erva não identificada, sempre pesquise sobre ela primeiro. E se estiver grávida, sofrer de algum tipo de alergia ou tiver algum problema de saúde, procure orientação médica antes de trabalhar com qualquer vegetal. Se você se sentir mal ou tiver alguma reação a uma planta, procure um médico imediatamente. Esteja ciente de que algumas ervas também podem ser perigosas para os animais.

MC
ASC
DSC
IC
1
2
3
4
5
6
7
8
9
10
11
12

1

MAPAS ASTRAIS

O mapa astral é uma fotografia do céu no exato momento do seu nascimento, mas (e isso é muito importante) a partir do seu ponto de vista na Terra. O mapa da página anterior é o meu próprio mapa astral. Ele mostra a posição dos astros no céu no momento do meu nascimento (2h45), em 4 de maio de 1984, a partir da minha perspectiva em Yorkshire, Inglaterra, onde nasci.

O mapa astral congela o tempo, colocando você no centro de um círculo e dispondo todos os planetas e signos ao seu redor, de acordo com a posição de cada um no céu na data em que você nasceu. Cada signo e planeta tem um efeito muito diferente sobre a sua vida, dependendo de onde cada um deles está posicionado em seu mapa.

Existem muitos *sites* na internet que calculam seu mapa astral gratuitamente, mas é importante observar que alguns são melhores do que outros (veja a página 172 para conhecer alguns dos meus *sites* favoritos). Esse cálculo requer sua data, local e hora de nascimento para gerar seu mapa. Para garantir que você obtenha um mapa astral preciso, experimente usar dois ou três *sites* diferentes e compare os resultados.

Se você não sabe a hora exata do seu nascimento, pode usar, em vez disso, uma tabela do nascer do Sol. Descubra o horário do nascer do Sol no dia e no local em que você nasceu e use-o como hora do seu nascimento ao fazer o cálculo do seu mapa astral. O mapa que será criado será menos preciso, mas ainda assim lhe dará uma boa compreensão de si mesma e de quem você é.

Agora que você está de posse do seu mapa, é hora de aprender a interpretá-lo.

PRINCIPAIS CARACTERÍSTICAS *de um Mapa Astral*

No nosso sistema solar, o Sol fica no centro e todos os planetas giram ao redor dele, mas, no seu mapa astral, as coisas são um pouco diferentes. Seu mapa é geocêntrico, o que significa que você está no centro e, da perspectiva da Terra, todos os corpos celestes parecem se mover ao seu redor. É por isso que você nunca verá a Terra representada como um planeta num mapa astral.

O mapa na página ao lado é um exemplo de mapa astral, com todas as suas principais características. Ele pode parecer complicado no início, mas, para facilitar o entendimento, ele pode ser dividido como a seguir:

- O círculo externo contém os signos ascendente e descendente, o Meio do Céu e o *Imum Coeli*, que examinaremos posteriormente.
- O segundo círculo do mapa contém os doze signos do zodíaco (veja mais no Capítulo 2), que representam diferentes tipos de personalidade com base na data em que você nasceu. No mapa astral, esses signos são posicionados com base no seu Ascendente. O signo do seu Ascendente fica à esquerda do mapa, ao longo da linha horizontal, identificado como ASC, e o Descendente fica à direita do mapa, identificado como DSC.
- O terceiro e quarto círculos do mapa são divididos em doze seções, chamadas casas astrológicas (veja mais no Capítulo 5). Juntas, elas simbolizam as diferentes esferas da existência humana. É nas casas que estão espalhados os planetas, de acordo com suas posições no céu, no momento do seu nascimento. Os limites entre as casas e entre os signos são conhecidos como cúspides.
- Os padrões geométricos formados nas casas são chamados de aspectos. Medidos em graus, eles mostram as relações angulares entre os planetas e são usados para traçar a posição específica em que fica cada planeta no seu mapa astral, refletindo o local exato em que estavam no céu quando você nasceu (veja mais no Capítulo 6).

Neste livro, analisaremos cada um desses elementos detalhadamente, para alicerçar as bases do seu estudo de astrologia.

A LEITURA DE UM MAPA ASTRAL

Este mapa pertence a alguém com Ascendente em Sagitário (veja a página 18 para conhecer os símbolos do zodíaco); portanto, os signos do zodíaco ao redor do círculo exterior do mapa estão dispostos de acordo com esse signo. Note que este mapa é diferente do meu mapa astral da página 10, pois meu Ascendente é Aquário. Os signos são posicionados em cada mapa de modo que a linha cujas extremidades marcam o Ascendente e o Descendente esteja sempre na horizontal, cortando o mapa ao meio. Neste mapa, o Sol está em Aquário, enquanto a Lua está em Áries.

SIGNO SOLAR

Energia masculina
Personalidade exterior
Imagem exterior
Autoexpressão
Características principais
Identidade
Personalidade consciente
Desejos e vontades
O eu
Pontos fortes e fracos

SIGNO LUNAR:

Energia feminina
Personalidade interior
Cuidado/nutrição
Emoções
Sentimentos
Reações emocionais
Instintos
Intuição
O passado
Mente subconsciente

SIGNOS
Solar e Lunar

À medida que aprende mais sobre o seu mapa astral, você descobre que os signos solar, lunar e ascendente compõem os chamados "signos principais". Eles representam diferentes aspecto de quem você é. Quando combinados, representam seu eu interior e exterior, e definem sua personalidade como um todo.

Signo solar

Às vezes conhecido como signo zodiacal, seu signo solar representa sua personalidade e seu ego. Ele é o ponto de partida da interpretação do seu mapa astral, pois se trata basicamente do seu eu e de quem você realmente é. Seu signo solar é baseado na data do seu nascimento, mas é sempre bom determiná-lo com base num mapa astral preciso, pois a data que começa e termina cada signo pode mudar ligeiramente, variando de 1 a 2 dias a cada ano.

Seu signo solar representa a energia que você emana para o mundo. É a forma mais elevada de autoexpressão e está relacionado às suas características principais, embora a maneira específica pela qual essas características são expressas dependa do signo em que seu Sol está posicionado (veja mais no Capítulo 2). Seu signo solar é onde sua identidade e autoestima são formadas e sua personalidade consciente, criada. Ele determina o modo como as pessoas veem você. A análise do seu signo solar pode levá-la a uma jornada de descoberta, em que você aprende mais sobre seus desejos e vontades mais profundas, bem como seus pontos fortes e fracos. A polaridade, modalidade e elemento do seu signo solar também são importantes, pois suas energias influenciam a maneira natural como você se expressa (veja mais no Capítulo 3).

Signo lunar

Seu signo lunar é tão importante quanto seu signo solar, embora a maioria das pessoas não conheça o seu. Enquanto o signo solar está relacionado ao modo como você se expressa externamente, o signo lunar se mostra quando você olha para dentro de si. Ele representa seus sentimentos e suas emoções, o que você precisa para se sentir segura e protegida na vida, e como você reage emocionalmente às coisas que acontecem ao seu redor. Seu signo lunar também pode revelar suas necessidades emocionais e como elas podem ser atendidas da melhor forma. A análise do seu signo lunar pode ajudá-la a entender seus instintos e sua intuição, além de proporcionar um profundo autoconhecimento. Porém, assim como o signo solar, o modo como esse relacionamento com você mesma é expresso interiormente depende do signo do zodíaco em que a Lua está posicionada.

ASCENDENTE, DESCENDENTE, *Meio do Céu e Imum Coeli*

Seu Ascendente (ASC), Descendente (DSC), Meio do Céu (MC) e *Imum Coeli* (IC) são representados por pontos angulares em seu mapa astral, pois não são planetas reais ou outros corpos celestes. Vamos analisar em detalhes os quatro ângulos mais importantes do seu mapa astral.

Signo ascendente (ASC)

Seu signo ascendente é considerado um dos três signos principais na astrologia. Ele é chamado de Ascendente porque é o signo do zodíaco que "ascendia" no horizonte leste no momento do seu nascimento. Ele representa sua perspectiva de vida e o tipo de impressão que você causa nas pessoas quando as conhece pela primeira vez. Muitas vezes considerado a "máscara" que você usa, esse é o seu rosto público, o modo como se apresenta ao mundo e como os outros a veem. Os signos ascendentes mudam a cada duas horas, mas, se você não souber a hora exata do seu nascimento, descubra ao menos a hora em que o Sol nasceu no dia do seu nascimento e no local onde você nasceu. Você pode usar essa hora como uma estimativa aproximada quando for calcular seu mapa na internet. Se você não se identificar com o signo que o cálculo encontrar, leia sobre cada signo do zodíaco e escolha aquele com que mais se identifica.

Signo descendente (DSC)

Além dos signos solar, lunar e ascendente, o seu signo descendente também é importante, embora muitas vezes seja negligenciado. Ele corresponde ao ponto angular do seu mapa, marcado como DSC, que fica à direita na linha horizontal, na extremidade oposta ao do seu signo ascendente (ASC). O signo descendente está relacionado à sétima casa astrológica (veja mais no Capítulo 6), que representa os relacionamentos da sua vida e como você interage com aqueles ao seu redor. A sétima casa é o ponto mais oriental do seu mapa e a primeira casa é o ponto mais ocidental, onde está o seu signo ascendente.

A análise do seu signo descendente pode ajudá-la a entender suas atitudes em relação aos relacionamentos. Muitas vezes considerado a sua "Sombra", o seu signo descendente se refere às partes do seu ser com as quais você tem dificuldade em lidar, assim como seus pontos fracos. O seu signo descendente revela as qualidades que você não possui, mas que inconscientemente procura ter, por meio do seu relacionamento com os outros. Ele também pode revelar as qualidades que você inconscientemente busca e valoriza num parceiro romântico, assim como o modo como mantém seu compromisso nesses relacionamentos.

Meio do Céu (MC)

O Meio do Céu (também chamado de *Medium Coeli*) fica na décima casa do seu mapa astral. Trata-se de um ponto angular próximo ao topo do seu mapa astral e que representa sua vida pública e

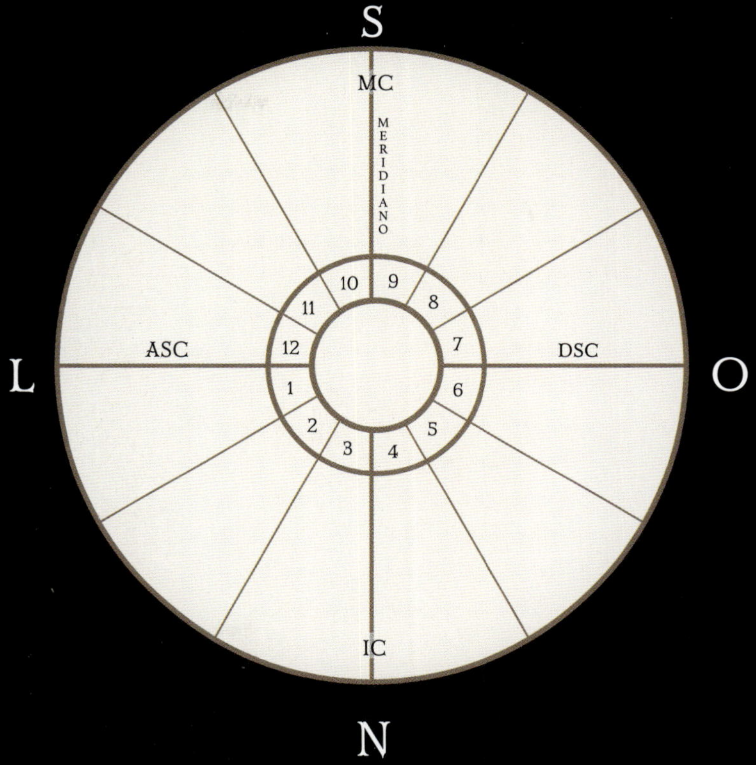

profissional, sua posição social e sua carreira. Ele pode oferecer uma visão do tipo de impacto que você terá no mundo por meio das suas conexões, bem como seu senso de propósito e destino. Se você está com dificuldade para encontrar a carreira adequada para você, o Meio do Céu é o lugar onde começar. O signo em que seu Meio do Céu está posicionado lhe dará uma compreensão mais profunda sobre o tipo de carreira que você achará mais gratificante nesta vida e quais passos precisa dar para chegar lá. Para uma interpretação mais precisa, não se esqueça de considerar quaisquer planetas que você tenha em seu Meio do Céu (na décima casa), pois eles o ajudarão a encontrar o ponto do seu maior potencial para o sucesso.

Imum Coeli (IC)

O *Imum Coeli* (ou Nadir) é uma expressão em latim que significa "fundo do céu", o que descreve perfeitamente sua posição na parte inferior do mapa astral. Ele também fica no início (ou na "cúspide") da quarta casa. O *Imum Coeli* está relacionado ao lar da sua infância, ao passado e à educação e criação. Ele representa o seu eu mais profundo e particular, suas raízes e o que você precisa para se sentir segura neste mundo. É importante analisar em que signo do zodíaco o seu *Imum Coeli* está posicionado, pois isso lhe dará uma compreensão das partes de si que você mantém longe dos olhos do mundo, incluindo coisas que você inconscientemente esconde de si mesma.

CAPRICÓRNIO
22 de dezembro – 20 de janeiro
SAGITÁRIO
22 de novembro – 21 de dezembro
ESCORPIÃO
23 de outubro – 21 de novembro
LIBRA
23 de setembro – 22 de outubro
VIRGEM
23 de agosto – 22 de setembro
LEÃO
22 de julho – 22 de agosto
CÂNCER
21 de junho – 21 de julho
GÊMEOS
21 de maio – 20 de junho
TOURO
21 de abril – 20 de maio
ÁRIES
21 de março – 20 de abril
PEIXES
19 de fevereiro – 20 de março
AQUÁRIO
21 de janeiro – 18 de fevereiro

2

SIGNOS DO ZODÍACO

O zodíaco é o caminho que o Sol parece fazer no céu, ao longo do ano. Essa jornada celeste é dividida em doze partes, conhecidas como signos do zodíaco, que são Áries, Touro, Gêmeos, Câncer, Leão, Virgem, Libra, Escorpião, Sagitário, Capricórnio, Aquário e Peixes.

Esses signos do zodíaco receberam o nome das doze constelações pelas quais o Sol se move em sua jornada anual e se baseiam na posição das estrelas no céu a partir da nossa perspectiva na Terra.

Seu signo zodiacal é determinado pela constelação pela qual o Sol passava no momento em que você nasceu. À medida que faz sua jornada celestial anual, o Sol permanece em cada signo do zodíaco durante cerca de trinta dias, mas as datas precisas de cada signo podem variar uma média de um a dois dias. Isso acontece porque o polo Norte da Terra está inclinado num ângulo de 23,5 graus, o que afeta a velocidade de rotação da Terra em diferentes momentos. As datas incluídas neste livro são as datas aproximadas de cada signo; por isso é importante verificar o ano em que você nasceu para encontrar o seu signo zodiacal correto. Você pode fazer isso usando uma calculadora de mapa astral (veja a página 172 para calculadoras *on-line*).

Neste capítulo, vamos analisar cada signo zodiacal em detalhes, examinando as diferentes características de personalidade, símbolos e elementos que representam cada signo. Será apresentada uma tiragem de tarô para você praticar à medida que os signos vão mudando ao longo do ano, para ajudá-la a se conectar e se sintonizar com as energias de cada um deles. Também inclui as correspondências de cada signo com ervas e cristais, que podem ser usadas em feitiços e rituais durante cada período zodiacal.

ÁRIES

21 DE MARÇO A 20 DE ABRIL

MANSÃO LUNAR 1ª, 2ª e 3ª CASA Primeira
MANTRA "Eu sou" MODALIDADE Cardeal POLARIDADE Positiva

Cristais

Ametista, lágrima-de-apache, água-marinha, aventurina, heliotrópio, cornalina, citrino, quartzo transparente, diamante, ágata-de-fogo, granada, jaspe vermelho, topázio.

Ervas e temperos

Manjericão, pimenta-caiena, trevo, madressilva, urtiga, alecrim, erva-de-são-joão, losna, milefólio.

Traços positivos

As pessoas nascidas neste primeiro signo do zodíaco tendem a ser assertivas, diretas, organizadas, apaixonadas e sinceras. Elas certamente não são sutis em seu modo de ser ou agir! Sentem medo como qualquer pessoa, mas é menos provável que se deixem limitar por esse medo e vivem segundo o lema: "Sinta medo, mas faça assim mesmo".

Os arianos são líderes natos e podem assumir o controle das situações em vez de seguir a multidão. Muito independentes, eles não apreciam pessoas ou situações que ameacem ou tirem sua liberdade. Determinados, generosos e competitivos, eles se adaptam facilmente às mudanças. Arianos são os que abrem caminho, por isso são conhecidos como os pioneiros do zodíaco. Sua inteligência e seu raciocínio rápido muitas vezes lhes permitem ver o quadro geral de uma maneira que os outros signos do zodíaco não conseguem. Este signo otimista e entusiasmado sempre busca o lado positivo de tudo. Quando as coisas dão errado na vida, eles conseguem ver o lado positivo disso.

Traços negativos

As pessoas nascidas neste signo podem ser um pouco impacientes, o que lhes dá a fama de ser pavio curto. Os arianos podem ser impulsivos e não se recusam a correr riscos, optando por se dedicar completamente a tudo o que fazem com muita energia. Embora isso não seja necessariamente ruim, significa que os arianos podem esgotar suas energias rapidamente, pois não sabem ter moderação. Esses nativos também podem ter a tendência de pensar que estão sempre certos! Isso não os torna bons membros de equipe, pois preferem se incumbir de projetos e problemas sozinhos, em vez de ouvir a opinião dos outros e trabalhar em grupo.

Áries é o signo do zodíaco mais voltado para si mesmo, por isso pode parecer egoísta. Embora os nativos deste signo sejam determinados, eles podem abandonar projetos pela metade porque lhes falta perseverança para levar as coisas até o fim.

ÁRIES

CORES
vermelho, branco

SÍMBOLO
O Carneiro

ELEMENTO
Fogo

CARTA DO TARÔ
O Imperador

PLANETA REGENTE
Marte

PEDRA NATAL
diamante

1. Em que ponto da minha vida estou agora?

2. Que área da minha vida precisa de mais atenção?

3. O que está começando a crescer na minha vida?

4. Como posso estimular esse crescimento?

5. O que preciso eliminar da minha vida para contribuir com esse crescimento?

6. Como posso fazer isso?

7. Quais são os meus objetivos para a estação de Áries?

TOURO

CORES
verde, rosa

SÍMBOLO
O Touro

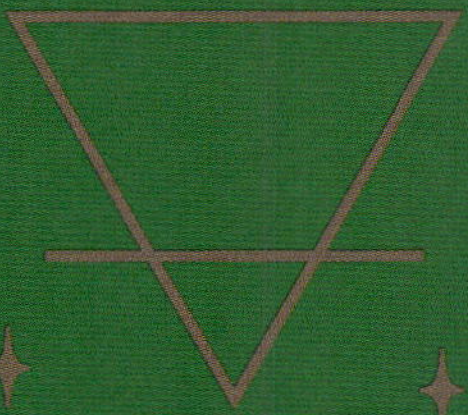

ELEMENTO
Terra

CARTA DO TARÔ
O Hierofante

PLANETA REGENTE
Vênus

PEDRA NATAL
esmeralda

1. O que a estação de Touro trará?

2. Como posso me ancorar?

3. Qual área da minha vida precisa de mais estabilidade?

4. Como posso aprender a aceitar a mudança?

5. Onde tenho sido teimosa demais?

6. Onde preciso ser mais gentil comigo mesma?

7. Como posso ser mais amorosa comigo mesma?

TOURO

21 DE ABRIL A 20 DE MAIO

MANSÃO LUNAR 4ª e 5ª CASA Segunda
MANTRA "Eu tenho" MODALIDADE Fixo POLARIDADE Negativa

Cristais

Cianita azul, cornalina, diamante, esmeralda, jade, lápis-lazúli, malaquita, pirita, quartzo rosa, rodonita, selenita, olho-de-tigre, turmalina.

Ervas e temperos

Ginseng indiano, erva-dos-gatos, margarida, dente-de-leão, matricária, lavanda, malva, hortelã, *patchouli*, planta-tostão, rosa, alecrim, sálvia, tomilho.

Traços positivos

As pessoas nascidas neste signo tendem a ser muito centradas e práticas; elas apreciam e desejam estabilidade mental, emocional e física. Quando os taurinos sentem que estão num ambiente estável, eles se destacam, relaxam e ficam mais abertos, mas isso só acontece caso se sintam seguros. Os nativos deste signo são organizados e tendem a viver de maneira organizada. São pessoas muito confiáveis e comprometidas, e valorizam o comprometimento daqueles ao seu redor.
Os taurinos se dedicam a qualquer projeto ou tarefa que assumem, portanto, são capazes de superar quaisquer problemas ou obstáculos à sua frente. Sua natureza confiável e determinada faz deles pessoas que sempre cumprem suas incumbências, não importa o quanto precisem se empenhar para isso.

Traços negativos

Os taurinos são conhecidos por serem materialistas e, às vezes, excessivamente focados no sucesso material. Seu apego a bens materiais pode torná-los possessivos, tanto com "coisas" quanto com as pessoas ao seu redor, principalmente as mais próximas. Os nascidos neste signo fixo não gostam de mudanças, em especial as repentinas, que afetam seu senso de estabilidade e segurança. Isso pode torná-los inflexíveis a novas ideias e hesitantes ao tomar decisões, mesmo as de menor importância, pois eles preferem que as coisas permaneçam inalteradas. No entanto, se os taurinos se sentirem muito confortáveis num ambiente onde há pouca mudança, podem se tornar preguiçosos. Por menos que gostem disso, eles precisam sair da sua zona de conforto de vez em quando para se manterem alertas.

O símbolo deste signo é o touro, o que explica perfeitamente por que os taurinos têm fama de serem teimosos! Se eles não quiserem fazer algo, simplesmente não fazem. Essa teimosia inclui o apego a ideias e formas de pensar, por isso esses nativos podem demorar para mudar de opinião e comportamento.

GÊMEOS

21 DE MAIO A 20 DE JUNHO

MANSÃO LUNAR 6ª e 7ª CASA Terceira
MANTRA "Eu penso" MODALIDADE Mutável POLARIDADE Positiva

Cristais

Ágata, apatita, celestita, crisocola, crisoprásio, hematita, howlita, lápis-lazúli, safira, serpentina, sodalita.

Ervas e temperos

Anis, bardana, cominho, endro, lavanda, melissa, manjerona, salsa, escutelária, valeriana.

Traços positivos

Os geminianos são sociáveis, divertidos e muitas vezes carismáticos. Graças a Mercúrio, seu planeta regente, são ótimos comunicadores e gostam de um bom debate ou discussão. Também são bons ouvintes. Esses nativos acham fácil se entrosar em qualquer tipo de ambiente, pois são inteligentes e têm uma mente ágil. As pessoas nascidas neste signo aprendem rápido, são capazes de executar várias tarefas ao mesmo tempo e não se abalam com mudanças, pois se adaptam facilmente a qualquer situação, graças à sua natureza flexível. Eles têm uma curiosidade quase infantil, o que os torna pensadores inquisitivos e os ajuda a acumular um conhecimento geral, quase enciclopédico.

Traços negativos

Gêmeos é o primeiro dos quatro signos mutáveis do zodíaco, o que faz que seus nativos possam ter um caráter volúvel. Embora gostem de diversão e sejam descontraídos, eles podem de repente se mostrar sérios, pensativos e propensos a pensar demais, deixando aqueles ao seu redor perplexos com suas mudanças abruptas. Isso mostra a dualidade do caráter deste signo do zodíaco. Outro exemplo dessa dualidade é a facilidade que os geminianos têm de mudar de opinião e de parecer diferentes para cada pessoa ao seu redor. Eles também têm tendência a misturar realidade e ficção, fazendo que a sua "verdade" seja uma combinação de ambas, o que lhes rende a reputação de serem o "duas caras" do zodíaco.

Embora os geminianos tenham uma mente curiosa, eles também têm pouca capacidade de concentração e podem ser superficiais. Isso significa que raramente se comprometem com as coisas que começam, pois se entediam facilmente, passando de uma coisa a outra, sem se ater a nenhuma. Comprometimento é algo com que este signo tem dificuldade.

GÊMEOS

CORES
amarelo, verde, azul

SÍMBOLO
Os Gêmeos

ELEMENTO
Ar

CARTA DE TARÔ
Os Enamorados

PLANETA REGENTE
Mercúrio

PEDRA NATAL
ágata

1. Onde estou agora?

2. Onde preciso me expressar mais?

3. Como posso me expressar melhor?

4. Onde preciso ouvir mais?

5. Como posso aprofundar minha conexão com os outros?

6. Onde preciso mostrar mais comprometimento?

7. Qual deve ser o foco da minha atenção na estação de Gêmeos?

CÂNCER

21 DE JUNHO A 21 DE JULHO

MANSÃO LUNAR 8ª, 9ª e 10ª CASA Quarta
MANTRA "Eu sinto" MODALIDADE Cardinal POLARIDADE Negativa

Cristais

Âmbar, cornalina, calcedônia, pedra-da-lua, ágata-musgo, opala, rodonita, selenita.

Ervas, temperos e resinas

Agrimônia, louro, cânfora, eucalipto, hissopo, jasmim, mirra, hortelã-pimenta, trevo vermelho, espinheiro, estragão.

Traços positivos

Por ter a Lua como seu planeta regente, os nativos deste signo, geralmente, são muito intuitivos e estão sintonizados com seus instintos. Se sentem que algo está errado com uma situação ou pessoa, geralmente é porque, de fato, há algo de errado, pois sua intuição raramente os decepciona. Os cancerianos são perceptivos e receptivos às energias dos lugares e das pessoas.

A Lua também torna Câncer um signo altamente sensível e emotivo, e esse contato com suas emoções faz que os cancerianos sejam bons tutores e cuidadores, e capazes de se identificar com a dor dos outros, o que faz deles agentes de cura naturais. Os nativos deste signo são leais, se preocupam profundamente com o lar e adoram cuidar dos seus amigos e familiares. Gostam de transformar o ambiente doméstico num santuário, um lugar onde podem se refugiar quando o mundo parece muito avassalador.

Traços negativos

O lado emocional dos cancerianos faz que eles assumam os problemas e as experiências negativas das outras pessoas como se fossem seus. Eles absorvem toda a energia negativa do ambiente, o que os leva a ficarem desnecessariamente sobrecarregados com o estresse emocional. Os cancerianos temem a vulnerabilidade, e as suas emoções intensas podem fazê-los se sentir expostos e inseguros, devido principalmente à sua constante necessidade de serem aprovados pelas pessoas importantes da sua vida. Isso pode fazer que nem sempre busquem a estabilidade de que precisam nos lugares certos. Essa insegurança também pode tornar os cancerianos pessoas apegadas e possessivas em relação aos que amam, pois eles buscam segurança. São nessas circunstâncias que os cancerianos podem deixar de ser cuidadores e protetores, e passar a ter um comportamento controlador. Em sintonia com a Lua, o humor do canceriano pode mudar como as fases lunares, sendo simpático e cuidadoso num momento e mal-humorado e defensivo em outro.

CÂNCER

CORES
branco, prateado

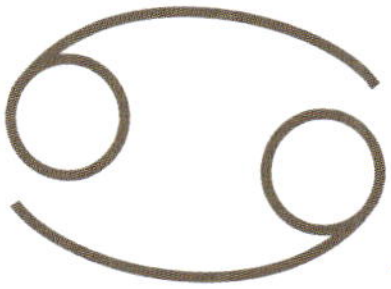

SÍMBOLO
O Caranguejo

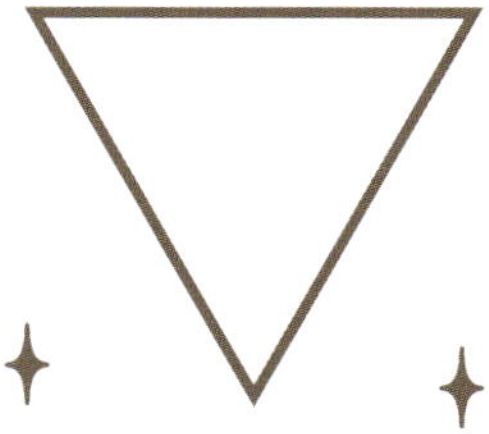

ELEMENTO
água

CARTA DE TARÔ
O Carro

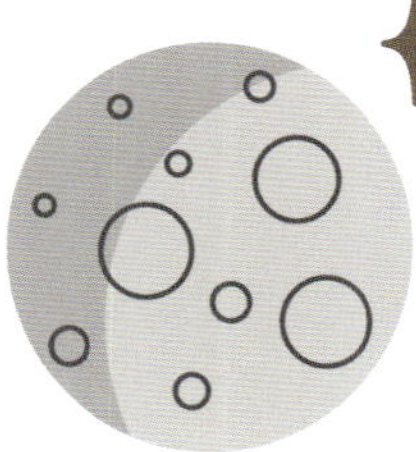

PLANETA REGENTE
Lua

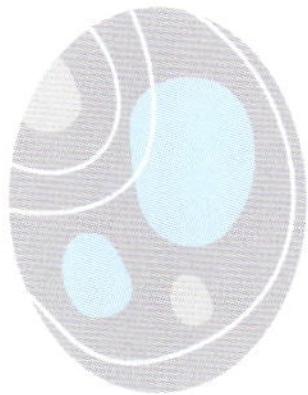

PEDRA NATAL
pedra-da-lua

1. Como estou me sentindo?

2. Que lições minhas emoções estão tentando me ensinar?

3. Que emoções estou reprimindo e preciso extravasar?

4. Como posso expressar melhor essas emoções?

5. Como posso extravasá-las?

6. Como posso evitar me sentir sobrecarregada de emoções?

7. Como posso trazer mais estabilidade para a minha vida?

LEÃO

22 DE JULHO A 22 DE AGOSTO

MANSÃO LUNAR 11ª e 12ª CASA Quinta
MANTRA "Eu vou" MODALIDADE Fixo POLARIDADE Positiva

Cristais

Âmbar, turmalina negra, cornalina, crisocola, granada, kunzita, labradorita, ônix, calcita laranja, obsidiana vermelha, rodocrosita, rubi, pedra-do-sol.

Ervas, temperos e resinas

Calêndula, camomila, canela, benjoim, eufrásia, funcho, zimbro, lavanda, verbasco, noz-moscada, pimenta, alecrim, girassol.

Traços positivos

As pessoas nascidas neste signo têm uma personalidade marcante e carismática. São confiantes, seguras de si, corajosas e adoram se expressar. Com o Sol como seu planeta regente e o Fogo como seu elemento, os leoninos têm uma natureza calorosa e generosa, além de um coração bondoso. Eles também são apaixonados, assertivos e criativos, e, por serem nativos de um signo fixo, demonstram grande dedicação a qualquer projeto do qual fazem parte. São ambiciosos, o que os torna ótimos líderes, pois têm a capacidade natural de inspirar e extrair o melhor das pessoas com quem trabalham. Os leoninos têm um ótimo senso de humor, o que os ajuda em todas as áreas da vida. Eles conseguem ver o lado engraçado de uma situação quando as coisas dão errado e usam seu humor para elevar a energia ao redor deles. São amigos leais e generosos, que adoram diversão e aventura. Assim como o leão que representa este signo, eles protegem com ferocidade aqueles que amam.

Traços negativos

Embora os leoninos sejam conhecidos pela sua força, são pessoas bastante sensíveis à crítica, especialmente daqueles que amam. Eles têm uma necessidade inata de serem admirados e estimados, por isso não reagem bem às opiniões negativas. Esse forte desejo de serem apreciados também os deixa vulneráveis à manipulação. Leão é um signo assertivo e, embora essa não seja uma característica negativa, muitas vezes ele ultrapassa a linha tênue entre a assertividade e confiança e a agressividade e arrogância. Os leoninos podem se gabar e ter muito orgulho de suas conquistas, o que significa que têm a tendência de ser egocêntricos e vaidosos. Sendo um signo fixo, eles muitas vezes têm ideias, opiniões e crenças inflexíveis, e sua teimosia só piora a situação. Esses nativos podem seguir o caminho planejado com obstinação, simplesmente porque assim planejaram, mesmo que descubram depois que essa não era a melhor opção para eles.

LEÃO

SÍMBOLO
O Leão

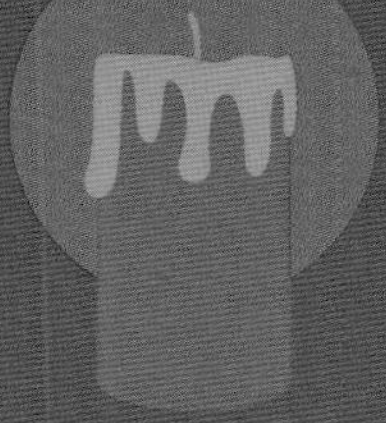

CORES
amarelo, laranja, dourado

ELEMENTO
Fogo

CARTA DE TARÔ
A Força

PLANETA REGENTE
Sol

PEDRA NATAL
rubi

1. Onde estou agora?

2. Onde está minha força?

3. Onde preciso ser mais corajosa na vida?

4. Onde posso ser mais flexível e menos teimosa?

5. Como posso ter mais força pessoal?

6. Que lições a estação de Leão está tentando me ensinar?

VIRGEM

CORES
marrom, verde

SÍMBOLO
A Donzela /A Virgem

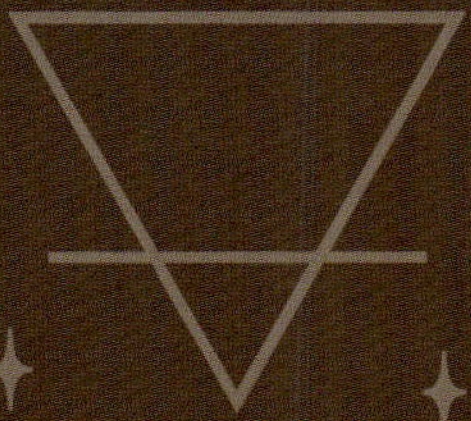

ELEMENTO
Terra

CARTA DE TARÔ
O Eremita

PLANETA REGENTE
Mercúrio

PEDRA NATAL
peridoto

1. Qual será o tema desta estação de Virgem?
2. Como eu aumento a estabilidade que me ancora na vida?
3. Onde eu preciso ser mais organizada?
4. Onde eu preciso relaxar e seguir mais o fluxo na vida?
5. Onde e como estou sendo muito dura comigo mesma?
6. Como posso ter mais equilíbrio na vida?

VIRGEM

23 DE AGOSTO A 22 DE SETEMBRO

MANSÃO LUNAR 13ª e 14ª CASA Sexta
MANTRA "Eu analiso" MODALIDADE Mutável POLARIDADE Negativa

Cristais

Amazonita, ametista, cornalina, crisocola, fluorita, jade verde, opala, peridoto, quartzo rutilado, sodalita, sugilita.

Ervas e temperos

Aloe vera, agrimônia, camomila, erva-doce, lavanda, melissa, aveia, hortelã-pimenta, escutelária, tomilho, valeriana.

Traços positivos

Os virginianos estão muito conectados com a Terra, o que os torna muito práticos e centrados e os impede de se tornarem arrogantes ou egoístas. Esses nativos são modestos, especialmente em relação às suas conquistas. As pessoas nascidas neste signo tendem a ser muito organizadas e têm uma incrível atenção aos detalhes, o que as faz notar minuciosamente tudo sobre o ambiente ao seu redor e as pessoas da sua convivência. Virgem é um signo muito confiável e consciente, por isso os nativos deste signo sempre garantem que tudo o que fazem seja realizado com muita qualidade, em parte devido à abordagem estruturada e metódica que usam em todas as áreas da vida. Eles sempre cumprem prazos e sabem exatamente o que precisam fazer para alcançar seus objetivos.

A agilidade mental de Virgem é incomparável, o que torna esses nativos aprendizes ágeis, que adquirem conhecimentos e habilidades mais rapidamente do que a maioria das pessoas. O planeta regente Mercúrio faz que esse signo possa se expressar de forma eloquente e tenha grande habilidade de comunicação.

Traços negativos

Embora Virgem seja consciente e dedicado no trabalho, seus pontos fortes também podem desfavorecê-los. Os virginianos tendem a trabalhar demais, até a exaustão, pois dedicam toda a sua energia ao que estão fazendo, ao mesmo tempo em que não cuidam de si mesmos nem encontram tempo para descansar e recarregar as energias. Isso é agravado pelo fato de que esses nativos geralmente se impõem metas inatingíveis, o que significa que estão constantemente investindo sua energia em objetivos que nunca poderão alcançar. Esses padrões elevados podem fazer que o virginiano seja muito autocrítico. Ele tende a buscar constantemente a perfeição em tudo e, quando não a alcança, pode ser extremamente duro consigo mesmo. Ele duvida de si mesmo, de suas próprias habilidades e até de sua autoestima. Virgem pode remoer as coisas, com uma preocupação e ansiedade constantes de que nunca farão o suficiente.

LIBRA

CORES
verde, rosa

SÍMBOLO
A Balança

ELEMENTO
Ar

CARTA DE TARÔ
A Justiça

PLANETA REGENTE
Vênus

PEDRA NATAL
safira

1. Faça uma autoavaliação. Onde estou agora?
2. Que parte da minha vida precisa de mais equilíbrio?
3. Como posso ajudar a promover esse equilíbrio?
4. Como posso estabelecer limites saudáveis com os outros?
5. Em que área da minha vida estou ouvindo demais os outros?
6. Como posso ouvir minha voz interior e me conectar com ela?

LIBRA

23 DE SETEMBRO A 22 DE OUTUBRO

MANSÃO LUNAR 15ª, 16ª e 17ª CASA Sétima
MANTRA "Eu me relaciono" MODALIDADE Cardinal POLARIDADE Positiva

Cristais

Ametrine, água-marinha, olho-de-tigre azul, turmalina verde, jade, lepidolita, safira, topázio.

Ervas e temperos

Bardana, alcaravia, chicória, damiana, hidraste, jasmim, losna, urtigas, passiflora, prímula, rosa, hortelã-verde, aquilégia.

Traços positivos

O símbolo de Libra é uma balança, o que mostra que este é um signo focado na justiça e no equilíbrio das coisas. Os librianos têm um forte senso de certo e errado e, diferente dos signos de Água, que são mais introspectivos, o signo de Libra está mais preocupado com o mundo e olha para fora. Eles têm uma natureza tranquila, com boas habilidades de comunicação. Graças ao seu planeta regente, Vênus, os librianos são também muito charmosos, sendo pessoas sociáveis e cheias de estilo, sem contar que são também bons ouvintes.

As pessoas nascidas neste signo valorizam a harmonia e a paz e são mediadoras natas. Elas têm diplomacia para conciliar os diferentes lados de um conflito e usam suas habilidades para evitar desentendimentos. Por ser um signo do elemento Ar, os librianos são intelectuais de mente ágil, que pensam de forma lógica e analítica, buscando sempre o equilíbrio.

Traços negativos

Libra é muitas vezes considerado o signo mais equilibrado do zodíaco, mas isso nem sempre é verdade. Os pratos da balança podem pender para os dois lados de maneira desequilibrada, o que significa que os librianos podem alternar facilmente entre a introversão e a extroversão, enquanto buscam o equilíbrio. Esses nativos procuram a harmonia e, embora essa não seja uma característica negativa, pode fazer que os nascidos neste signo exagerem para agradar os outros e façam concessões que não os deixam verdadeiramente felizes. Os librianos podem se sacrificar apenas para manter a paz. Eles são pessoas que gostam de agradar e estão sempre dispostos a fazer qualquer coisa pelos outros, o que os deixa à mercê de pessoas manipuladoras, principalmente porque têm a tendência de seguir a multidão e dar ouvidos a tudo o que os outros dizem.

ESCORPIÃO

23 DE OUTUBRO A 21 DE NOVEMBRO

MANSÃO LUNAR 18ª e 19ª CASA Oitava
MANTRA "Eu transformo" MODALIDADE Fixo POLARIDADE Negativa

Cristais

Berilo, cornalina, granada, diamante Herkimer, obsidiana, jaspe vermelho, rodocrosita, topázio.

Ervas e temperos

Coentro, cominho, fumária, gengibre, ginseng, hibisco, pulmonária, cenoura-selvagem, folha de framboesa, tabaco (cuidado: tóxico), losna.

Traços positivos

Escorpião é um signo muito passional, e aqueles nascidos neste signo tendem a ser intensos e intuitivos devido à influência dos planetas regentes, Marte e Plutão. Isso também torna os escorpianos muito independentes, preferindo fazer tudo por conta própria em vez de aceitar a ajuda dos outros. Eles são determinados e persistentes, e, quando querem alguma coisa, não descansam enquanto não conseguem. Valem-se do seu poder interior para alcançar seus objetivos, superando quaisquer obstáculos, sem deixar que as opiniões dos outros os influenciem. Os escorpianos também são pacientes e não se importam de esperar o tempo que for preciso para alcançar seus objetivos.

Por ser um signo de Água, Escorpião está em contato com suas emoções. Ao contrário do que possa parecer, este signo é muito sensível; no entanto, sabe controlar as emoções, sem expressá-las. Aqueles nascidos em Escorpião têm uma natureza naturalmente curiosa e sempre querem investigar tudo a fundo, para entender qualquer coisa que seja importante para eles.

Traços negativos

Os escorpianos podem ser muito manipuladores e ciumentos. Como são competitivos, às vezes sentem inveja daqueles que alcançaram seus objetivos antes deles ou que se dão melhor na vida. Existe uma dualidade nos nativos de Escorpião: eles não gostam de ser controlados de forma alguma, mas eles próprios podem ser muito controladores. Preferem dizer aos outros o que fazer e ter controle total sobre eles, assim como sobre o ambiente ao seu redor.

Os escorpianos são extremamente sinceros. Eles sempre dizem a verdade, o que é uma virtude, mas às vezes podem exagerar na sinceridade e criar situações desagradáveis ou difíceis. Este signo demora para confiar nas pessoas; em geral, as encara com suspeita e é muito reservado, preferindo ocultar informações e manter seus planos em segredo. Essa característica faz que seja difícil conhecer um escorpiano em profundidade.

ESCORPIÃO

CORES
vermelho, preto, roxo, azul-marinho

SÍMBOLO
O Escorpião

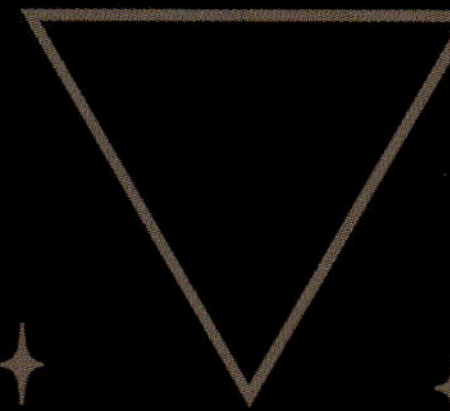

ELEMENTO
água

CARTA DE TARÔ
A Morte

PLANETAS REGENTES
Marte e Plutão

PEDRA NATAL
topázio

1. Onde estou agora na minha vida?
2. Sobre o que devo ter curiosidade este mês?
3. Em que área da minha vida sou muito controladora?
4. Em que área da minha vida preciso recuperar o controle?
5. Como posso aprender a confiar mais nos outros?
6. Em que área da minha vida preciso ser mais sincera comigo mesma?
7. O que a estação de Escorpião está tentando me ensinar?

SAGITÁRIO

22 DE NOVEMBRO A 21 DE DEZEMBRO

MANSÃO LUNAR 20ª e 21ª CASA Nona
MANTRA "Eu vejo" MODALIDADE Mutável POLARIDADE Positiva

Cristais

Ágata-renda-azul, granada, jade, malaquita, quartzo enfumaçado, obsidiana floco-de-neve, turquesa.

Ervas e temperos

Agrimônia, arnica, cravo, malva, rainha-dos-prados, trevo vermelho, salgueiro.

Traços positivos

Os sagitarianos gostam de viajar, têm uma natureza curiosa e são aventureiros. Valorizam a liberdade pessoal e a independência e estão interessados principalmente em crescer e superar a si mesmos. Adoram viver no momento presente, o que explica por que estão sempre questionando tudo. Por serem regidos por um signo de Fogo, têm muita energia e a mente aberta e tendem a ver o mundo por um prisma filosófico. Você sempre saberá onde pisa quando se trata de um sagitariano, devido à sua honestidade e senso de integridade pessoal em todas as coisas.

Regido por Júpiter, Sagitário está associado à sorte e à fortuna. Graças a esse planeta regente, este signo também é conhecido pelo seu grande senso de humor, entusiasmo e postura positiva com relação à vida. Os sagitarianos são otimistas, confiantes e sempre veem o lado positivo de qualquer situação.

Traços negativos

Como acontece com muitos signos do zodíaco, os pontos fracos de Sagitário estão embutidos nos seus pontos fortes. Por causa de sua natureza aventureira e por ser amante da liberdade, pode ser difícil prender um sagitariano! Esses nativos são conhecidos pela sua falta de compromisso com qualquer plano ou ideia que lhe proponham, pois preferem seguir seu próprio caminho. Quando equilibrados, eles sentem grande alegria com as pequenas coisas da vida, mas, quando desequilibrados, ficam tão ocupados e focados na última grande novidade da sua vida que perdem os detalhes e prazeres simples. Os sagitarianos gostam de correr riscos e estão sempre em busca da próxima grande aventura, prontos para abandonar projetos antes mesmo de iniciá-los. Por ser um signo de Fogo, Sagitário pode ser impaciente, ter pavio curto e ser muito impulsivo, o que lhes confere a reputação de ser imprevisível. Os sagitarianos são sempre transparentes, mas podem passar dos limites e serem brutalmente sinceros, o que pode ser um pouco chocante.

CORES
laranja, roxo, azul-marinho

SÍMBOLO
O Arqueiro

ELEMENTO
fogo

SAGITÁRIO

CARTA DE TARÔ
A Temperança

PLANETA REGENTE
Júpiter

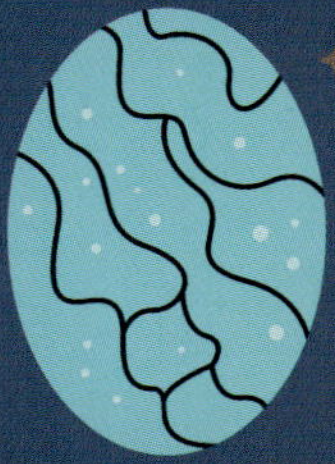

PEDRA NATAL
turquesa

1.
Como estou me sentindo no início da estação de Sagitário?

2.
Em que área da minha vida preciso desacelerar?

3.
Onde estou precisando mostrar mais comprometimento?

4.
Quando preciso arriscar para que tudo funcione a meu favor?

5.
Quando preciso ser mais sincera comigo mesma?

6.
Como posso parar para apreciar as coisas pequenas da vida?

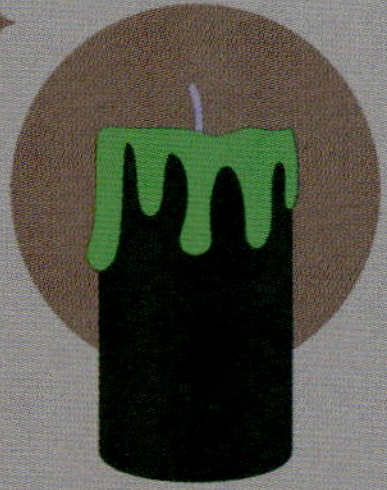

CORES
Cinza, verde-escuro

SÍMBOLO
A Cabra

ELEMENTO
Terra

CAPRICÓRNIO

CARTA DE TARÔ
O Diabo

PLANETA REGENTE
Saturno

PEDRA NATAL
granada

1. Qual carta descreve minha situação atual?
2. Em que metas devo me concentrar durante esta estação de Capricórnio?
3. Em que área da minha vida preciso ter mais perseverança?
4. Em que área da minha vida preciso relaxar mais?
5. De que forma coloco muita pressão sobre mim mesma?
6. Como posso aliviar um pouco essa pressão?
7. Como posso aprender a pedir ajuda quando preciso?

CAPRICÓRNIO

22 DE DEZEMBRO A 20 DE JANEIRO

MANSÃO LUNAR 22ª, 23ª e 24ª CASA Décima
MANTRA "Eu uso" MODALIDADE Cardeal POLARIDADE Negativa

Cristais

Azurita, ônix preta, fluorita, granada, labradorita, malaquita, quartzo enfumaçado.

Ervas e temperos

Alcarávia, pimenta-caiena, confrei, samambaia (cuidado: tóxica), fumária, gengibre, verbasco, alecrim, arruda, verbena.

Traços positivos

Por ser um signo de Terra, os capricornianos são práticos, centrados e responsáveis. Também são ambiciosos, dedicados e determinados a alcançar seus objetivos, mesmo que isso demore um pouco. A perseverança é certamente uma das características mais fortes dos capricornianos, que também são muito éticos no trabalho, o que os faz perseverar e trabalhar duro para alcançar o que desejam na vida. Regidos por Saturno, eles são conhecidos por sua disciplina e autocontrole, o que também os ajuda a alcançar suas metas. Para impulsionar seu progresso, gostam de competir consigo mesmos. Graças a Saturno, os capricornianos também são extremamente organizados e, geralmente, têm um senso de dever que provém do seu grande senso de responsabilidade.

Traços negativos

Os capricornianos são determinados e perseveram o quanto for necessário para alcançar seus objetivos. Embora isso não seja ruim, esse signo pode se concentrar demais na busca desses objetivos, a ponto de colocar de lado todos os outros aspectos da sua vida. Eles também podem demonstrar muita relutância quando se trata de pensar em fazer algo que não esteja relacionado a essa busca. E não costumam mudar de ideia ou perspectiva depois de tomar uma decisão.

Regidos por Saturno, os capricornianos podem parecer frios e distantes, principalmente quando estão focados em alcançar seus objetivos. Buscando a perfeição em tudo o que fazem, este signo vive se colocando sob pressão. Seu medo de falhar os leva a se esforçar continuamente pelo sucesso, o que pode levar ao esgotamento devido ao excesso de responsabilidades.

AQUÁRIO

CORES
azul, turquesa, prateado

SÍMBOLO
O Aguadeiro

ELEMENTO
Ar

CARTA DE TARÔ
A Estrela

PLANETAS REGENTES
Saturno e Urano

PEDRA NATAL
água-marinha

1. Como estou me sentindo emocionalmente?

2. Por que temo as minhas emoções?

3. Como posso entender melhor meus sentimentos?

4. Como posso aprender a expressar minhas emoções?

5. Como posso permanecer fiel ao que realmente sou?

6. O que a temporada de Aquário está tentando me ensinar?

AQUÁRIO

21 DE JANEIRO A 19 DE FEVEREIRO

MANSÃO LUNAR 25ª e 26ª CASA Décima primeira
MANTRA "Eu sei" MODALIDADE Fixo POLARIDADE Positiva

Cristais

Amazonita, angelita, água-marinha, azurita, celestita azul, crisoprásio, fluorita, magnetita.

Ervas, temperos e resinas

Benjoim, bardana, dente-de-leão, jasmim, kava-kava, mirra, alecrim, hamamélis.

Traços positivos

Os aquarianos são pensadores inteligentes e visionários, conhecidos por sua sagacidade e perspicácia. Regidos pelo elemento Ar, valorizam sua liberdade e independência, bem como as invenções e as inovações. Eles também adoram projetos intelectuais. Por tradição, Aquário é regido por Saturno, o que explica seu alto nível de disciplina mental. Esse signo também é regido por Urano, o que explica por que os aquarianos tendem a ter um forte senso de consciência social. Eles são conhecidos por serem humanitários e colocar as necessidades e o bem-estar das pessoas em primeiro lugar ao agir. Graças a Urano, os aquarianos também são conhecidos por serem pouco convencionais e não ter medo de se destacar na multidão, em vez de tentar se moldar a ela. Eles têm um caráter naturalmente radical e muitas vezes sentem que não se encaixam no que é considerado tradicional. Apesar disso, ainda conseguem se adaptar à energia do ambiente ao seu redor.

Traços negativos

Os aquarianos são conhecidos pela sua inteligência, mas, como seu foco está nas questões intelectuais, podem parecer frios e distantes. Eles não costumam expressar emoções, o que pode fazer que pareçam emocionalmente distantes do mundo ao seu redor. Na verdade, os nativos de Aquário têm dificuldade para expressar suas emoções, que encaram mais como uma complicação. Preferem lidar com conceitos em vez de sentimentos.

Por ser um signo fixo, Aquário pode ter padrões excepcionalmente altos, o que não é um problema quando existe equilíbrio. Porém, quando estão desequilibrados, os aquarianos têm a tendência de impor aos outros seus padrões muitas vezes inalcançáveis. Isso pode gerar ressentimentos e afastar esse signo dos outros. Também pelo fato de pertencerem a um signo fixo, os aquarianos são inflexíveis em sua perspectiva e podem ser imprevisíveis e temperamentais por natureza.

PEIXES

20 DE FEVEREIRO A 20 DE MARÇO

MANSÃO LUNAR 27ª e 28ª CASA Décima segunda
MANTRA "Eu acredito" MODALIDADE Mutável POLARIDADE Negativa

Cristais

Ametista, ametrine, ágata-rendada azul, cornalina, labradorita, lápis-lazúli, lepidolita, sodalita.

Ervas e temperos

Angélica, manjericão, borragem, erva-dos-passarinhos, gengibre, ipomeia, losna, orégano.

Traços positivos

Peixes, o último signo do zodíaco, tem uma natureza amigável, generosa e compassiva. Regidos por Netuno e Júpiter, os piscianos estão sempre dispostos a ajudar. Por ser um signo de Água, Peixes é criativo e imaginativo e, por ser mutável, tem mais facilidade para fluir com a vida. Este é um dos signos mais intuitivos do zodíaco, além de ter um forte senso de empatia e uma conexão profunda com seus sentimentos. Tem grande capacidade emocional e consegue aceitar as pessoas sem julgamento. Os piscianos têm um forte senso de propósito superior e muitas vezes seguem um caminho espiritual graças à influência de Júpiter. São profundamente conectados ao universo, o que lhes dá uma sensação de serem almas sábias e antigas.

Traços negativos

Pelo fato de Peixes ser o signo mais bondoso do zodíaco, esses nativos muitas vezes assumem os problemas dos outros como se fossem seus, o que pode levá-los a se sentir sobrecarregados. Por serem profundamente empáticos, isso piora quando absorvem demais as energias alheias e pode levá-los a se sentirem exaustos e extenuados, caso não protejam sua própria energia. Os piscianos ajudam os outros em detrimento de si mesmos, deixando suas próprias necessidades em segundo plano. Também são muito altruístas, o que pode deixá-los numa posição vulnerável e fazer que sejam explorados e percam a autoconfiança e a crença em si mesmos.

Quando estão estressados, os piscianos tendem a fazer tudo para ignorar seus problemas em vez de enfrentá-los. O escapismo e o devaneio são estratégias típicas de piscianos, que eles usam para suportar a realidade. Os nativos deste signo são muito confiantes, mas, às vezes, podem ser ingênuos demais e depositar sua confiança nas pessoas erradas, o que acaba por provocar mágoas.

PEIXES

CORES
branco, roxo

SÍMBOLO
O Peixe

ELEMENTO
Água

CARTA DO TARÔ
A Lua

PLANETAS REGENTES
Júpiter e Netuno

PEDRA NATAL
ametista

1. Qual carta descreve melhor onde estou agora?

2. Em que área da minha vida estou investindo energia demais?

3. Como posso proteger minha própria energia?

4. Onde preciso cuidar melhor de mim mesma?

5. Como posso atrair mais autoconfiança?

6. Quais questões tenho evitado enfrentar?

7. Qual é a melhor maneira de lidar com elas?

8. O que a estação de Peixes está tentando me ensinar?

3

ELEMENTOS, MODALIDADES E POLARIDADES

Agora que já examinamos os doze signos do zodíaco, é hora de adicionarmos outra camada ao seu conhecimento astrológico. O estudo do elemento, da modalidade e da polaridade de cada signo é outra forma de entender o mapa astral num nível mais profundo.

As modalidades (às vezes também conhecidas como qualidades, modos ou quadruplicidades), as polaridades e seus elementos correspondentes são três classificações astrológicas que ajudam a definir as diferenças energéticas entre os doze signos do zodíaco. Os três juntos dão um panorama que nos ajudam a entender as dinâmicas energéticas dos doze signos e o modo como elas afetam o caráter e os traços comportamentais de uma pessoa, bem como sua relação com o mundo ao seu redor.

A modalidade do signo indica a posição que ele ocupa dentro da estação que representa, seja no início, no meio ou no fim. Cada um dos doze signos do zodíaco é associado a uma das quatro estações do ano, assim como elas ocorrem no Hemisfério Norte: primavera (Áries, Touro e Gêmeos), verão (Câncer, Leão e Virgem), outono (Libra, Escorpião e Sagitário) e inverno (Capricórnio, Aquário e Peixes).

Os elementos Terra, Ar, Fogo e Água nos ajudam a entender a forma como a energia de cada signo se manifesta no plano material. Cada elemento mostra como percebemos a realidade e como nos comportamos. Terra e Água têm uma energia Yin (ou feminina), e Fogo e Ar têm uma energia Yang (ou masculina). Por fim, a polaridade (positiva ou negativa) reflete como os signos se relacionam com as pessoas e para onde direcionam naturalmente sua energia.

MODALIDADES

SIGNOS CARDINAIS

Os signos cardinais estão associados à ação. Eles dão início à mudança e ao movimento, e são considerados os signos mais ativos do zodíaco. Esses signos são aqueles que propõem planos ou ideias originais. São líderes natos e se adaptam bem ao ambiente ao seu redor. Embora Áries, Câncer, Libra e Capricórnio sejam todos signos cardinais, eles têm maneiras diferentes de liderar e encarar a vida. Isso ocorre porque os signos cardinais surgem no início de cada uma das quatro estações: Áries no início da primavera, Câncer no início do verão, Libra no início do outono e Capricórnio no início do inverno. É também por isso que os signos cardinais estão associados à energia dos novos começos.

Às vezes, a natureza proativa e assertiva dos signos cardinais pode parecer um pouco agressiva. Esses signos também são criativos e motivados, além de valorizar sua independência.

É importante observar que as qualidades e as energias dos planetas do seu mapa são ativadas e amplificadas quando eles estão posicionados num signo cardinal. Se um planeta de alta energia, como Marte, estiver num signo cardinal, ele será ativado de forma ainda mais intensa do que os planetas mais serenos, como Urano (saiba mais a esse respeito na página 75).

Signos do zodíaco cardinais
Áries, Câncer, Libra e Capricórnio

Casas astrológicas:
1ª, 4ª, 7ª e 10ª

Associados com:
Ações, movimento, motivação, assertividade, novos começos, iniciação.

SIGNOS FIXOS

Os signos fixos do zodíaco não encaram muito bem as mudanças. Taurinos, leoninos, escorpianos e aquarianos gostam de rotina e precisam de estabilidade para se desenvolver com sucesso. Como o próprio nome da modalidade sugere, esses signos podem ter ideias e pensamentos muito rígidos. Eles não mudam de ideia nem desistem facilmente, seja de problemas, pessoas ou ideias. Os signos fixos tendem a ser sensatos, leais e centrados. Em termos de energia, eles dão continuidade ao que os signos cardinais iniciaram. Os signos cardinais têm a ideia inicial e os signos fixos, sendo muito organizados, transformam essas ideias em realidade. Você pode confiar nesses signos se quiser que uma tarefa seja concluída. Eles são os estabilizadores do zodíaco e os que unem as pessoas, embora possam facilmente ficar obcecados por seus planos a ponto de perderem de vista o quadro geral. Se você tem vários planetas em signos fixos no seu mapa astral, seu caráter provavelmente é constante, confiável e estável. Planetas que estão posicionados em signos fixos no mapa podem trazer estabilidade, mas também causar dificuldades, se forem planetas de alta energia, como Marte. Nesse caso, as piores qualidades do planeta podem ser ativadas.

Signos do zodíaco fixos

Touro, Leão, Escorpião e Aquário

Casas astrológicas:

2ª, 5ª, 8ª e 11ª

Associados com:

Estabilidade, rigidez, centramento, lealdade, confiabilidade, consistência, organização.

SIGNOS MUTÁVEIS

Os signos mutáveis vêm no final de cada uma das quatro estações: Gêmeos no final da primavera, Virgem no final do verão, Sagitário no final do outono e Peixes no final do inverno. Isso confere a esses signos uma energia associada aos términos, o que dá a eles desenvoltura para lidar com mudanças, pois podem se adaptar facilmente a novos ambientes. Na verdade, os signos mutáveis apreciam as mudanças, pois não gostam de permanecer no mesmo lugar ou que as coisas permaneçam iguais por muito tempo.

Os signos mutáveis também são bons comunicadores e trabalham bem em equipe. São considerados os mais engenhosos dos doze signos do zodíaco, pois aparentemente conseguem criar algo do nada e sempre fazem o que é necessário. São filósofos e pensadores e não costumam julgar, a menos que tenham evidências ou informações que lhes deem motivo para isso.

Os signos mutáveis também podem ser inquietos, instáveis e propensos à ansiedade, pois nem sempre têm um plano claro que possam seguir. Isso pode torná-los inconsistentes nas coisas que fazem. Planetas de alta energia, como Marte, geralmente não são afetados quando estão posicionados em signos mutáveis no mapa astral, pois esses planetas avançam com sua própria energia bem definida. Planetas de baixa energia, no entanto, podem ter dificuldades, gerando uma energia imprevisível e conflito interior.

Signos do zodíaco mutáveis

Gêmeos, Virgem, Sagitário e Peixes

Casas astrológicas:

3ª, 6ª, 9ª e 12ª

Associados com:

Términos, mudança, adaptabilidade, flexibilidade, inquietação, versatilidade.

SIGNOS
De Terra

O elemento Terra está associado à estabilidade e ao chão sólido sob os nossos pés. Os signos de Terra são mais centrados do que qualquer outro signo do zodíaco e se saem melhor quando se sentem seguros e protegidos. Eles também são trabalhadores dedicados e não têm medo de colocar a mão na massa, pois sabem que o trabalho árduo traz resultados. São pacientes, persistentes e dedicados, e estão dispostos a demonstrar empenho em longo prazo para alcançar um objetivo ou concluir um projeto. Os signos de Terra têm mente lógica, embora tendam a dar muito valor a coisas materiais. Têm senso de responsabilidade e dever e são pessoas em quem se pode confiar; a palavra deles é a sua garantia. Não gostam de correr riscos e são tradicionais em suas visões e crenças; no entanto, estão longe de ser entediantes!

Quando em desequilíbrio, os signos de Terra tendem a resistir à mudança e tornam-se muito teimosos; eles se agarram às suas opiniões e podem ser muito obstinados, mesmo quando sabem que estão errados. Quanto mais planetas em signos de Terra você tem no seu mapa, mais estável é o seu caráter. Aqueles com poucos ou nenhum planeta nos signos de Terra podem ser menos racionais e lógicos em seus pensamentos.

Signos do zodíaco
Touro, Virgem e Capricórnio

Planeta regente
Saturno

Direção
Norte

Casas astrológicas
2ª, 6ª e 10ª

Polaridade
Negativa

Qualidades
Estabilidade, segurança, centramento, praticidade, confiabilidade, lealdade, materialismo.

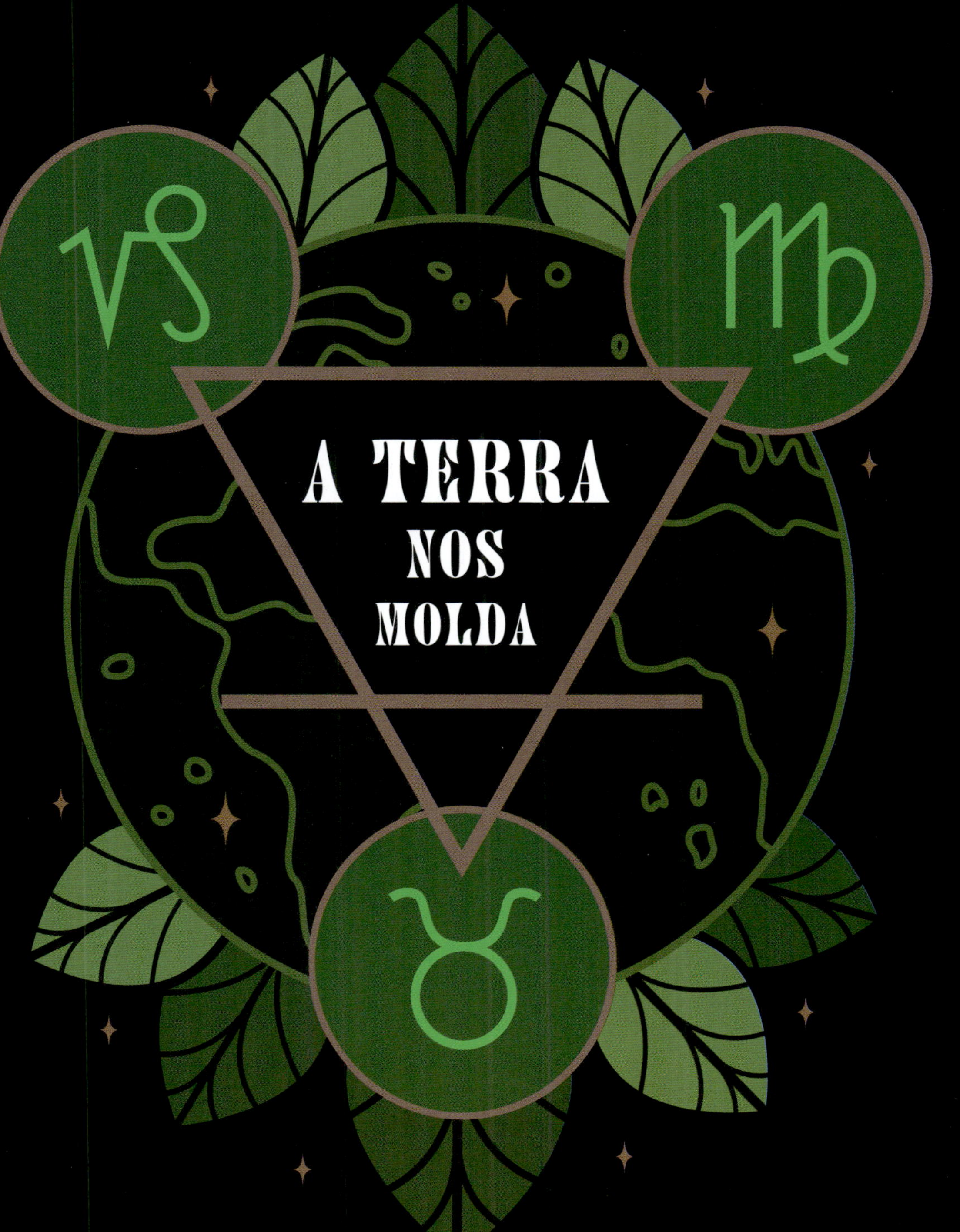
A TERRA
NOS
MOLDA

SIGNOS *de Ar*

O elemento Ar está associado principalmente à comunicação e à atividade mental. Os nascidos sob um signo de Ar são curiosos, eloquentes, inteligentes e têm raciocínio rápido. Eles também têm uma maneira especial de se conectar com as pessoas ao redor, porque são amigáveis e fazem amizade com facilidade. Associado às rajadas de vento, o Ar representa movimento e mudança. Os nascidos nos signos de Ar adoram adquirir conhecimento, principalmente por meio da experiência. Eles têm boa memória e absorvem conhecimento de todos os lugares como uma esponja absorve água. O Ar está presente em todos os lugares e conecta tudo, dando a esses signos mais capacidade de ver o quadro maior e mais amplo do que os outros signos do zodíaco.

Quando os signos de Ar estão desequilibrados, podem ser emocionalmente distantes, pois ouvem a cabeça e não o coração. Também são propensos à ansiedade e à inquietação, e têm dificuldade para se concentrar. Quanto mais planetas em signos de Ar você tiver em seu mapa, melhores serão suas habilidades de comunicação. Os signos de Ar também têm sede de conhecimento, então não é incomum que sigam uma carreira acadêmica.

Signos do zodíaco
Gêmeos, Libra e Aquário

Planetas regentes
Mercúrio e Urano

Direção
Leste

Casas astrológicas
3ª, 7ª e 11ª

Polaridade
Positiva

Qualidades
Comunicação, intelecto, movimento, inovação, inspiração, idealismo, visão mental.

O AR
NOS
CONECTA

O FOGO
NOS
TRANSFORMA

SIGNOS
de Fogo

O elemento Fogo está associado ao calor, à energia e à vida. Os signos de Fogo tendem a ser almas criativas que precisam de liberdade para viver bem. Eles também podem ser bastante egocêntricos e adoram a atenção das pessoas ao seu redor. O Fogo é o elemento da ação e do desejo de continuar crescendo e se desenvolvendo. O poder das chamas não pode ser ignorado, e do mesmo modo, o elemento Fogo também é difícil de ignorar.

Aqueles com muitos planetas em signos de Fogo no mapa astral tendem a ter um temperamento ardente, parecem ter energia ilimitada e são altamente motivados, mas podem ter propensão para explosões de raiva e violência. Orgulho, vaidade e irritabilidade também são traços associados a uma quantidade considerável de signos de Fogo no mapa astral, mas o mesmo se pode dizer da capacidade de pensar rápido para superar obstáculos. Por outro lado, aqueles com poucos signos de Fogo no mapa podem demonstrar falta de confiança, coragem e entusiasmo pela vida. A escassez de signos de Fogo também pode estar associada a uma natureza menos agressiva e explosiva.

Signos do zodíaco
Áries, Leão e Sagitário

Planetas regentes
Sol, Marte e Júpiter

Direção
Sul

Casas astrológicas
1ª, 5ª e 9ª

Polaridade
Positiva

Qualidades
Criatividade, coragem, transformação, inspiração, confiança, força, vida, entusiasmo.

Signos
de Água

O elemento Água está relacionado ao movimento, ao fluxo e ao poder, e está principalmente associado às nossas emoções. Os signos de Água são sensíveis e receptivos às emoções dos outros, além de demonstrarem um alto grau de empatia. Isso significa que podem absorver as emoções de outras pessoas e se sentirem sobrecarregados. Nessa condição, os signos de Água muitas vezes tentam escapar da realidade, preferindo viver num mundo de fantasia. Eles também são intuitivos e estão muito conectados às suas sensações instintivas, que muitas vezes expressam de maneiras criativas e artísticas. Podem ser mais reservados, até mesmo tímidos, e preferem conviver com amigos e familiares em vez de pessoas que não conhecem.

Assim como a água das marés sobe e desce, os signos de Água podem ser propensos a mudanças de humor. No entanto, assim como a água também pode ser tranquila, os signos de Água também passam por períodos de profunda reflexão. Aqueles com muitos planetas em signos de Água em seu mapa astral podem se sentir excessivamente emotivos, impulsivos e indulgentes consigo mesmos. Aqueles com poucos signos de Água podem se mostrar emocionalmente distantes das pessoas e situações ao seu redor, incapazes de mostrar empatia. Eles também podem sentir que não estão em contato com sua intuição, já que não conseguem acessar seus sentimentos mais profundos.

Signos do zodíaco
Câncer, Escorpião e Peixes

Planetas regentes
Lua e Netuno

Direção
Oeste

Casas astrológicas
4ª, 8ª e 12ª

Polaridade
Negativa

Qualidades
Purificação, limpeza, intuição, fluxo, emoções, compaixão, empatia, dom artístico.

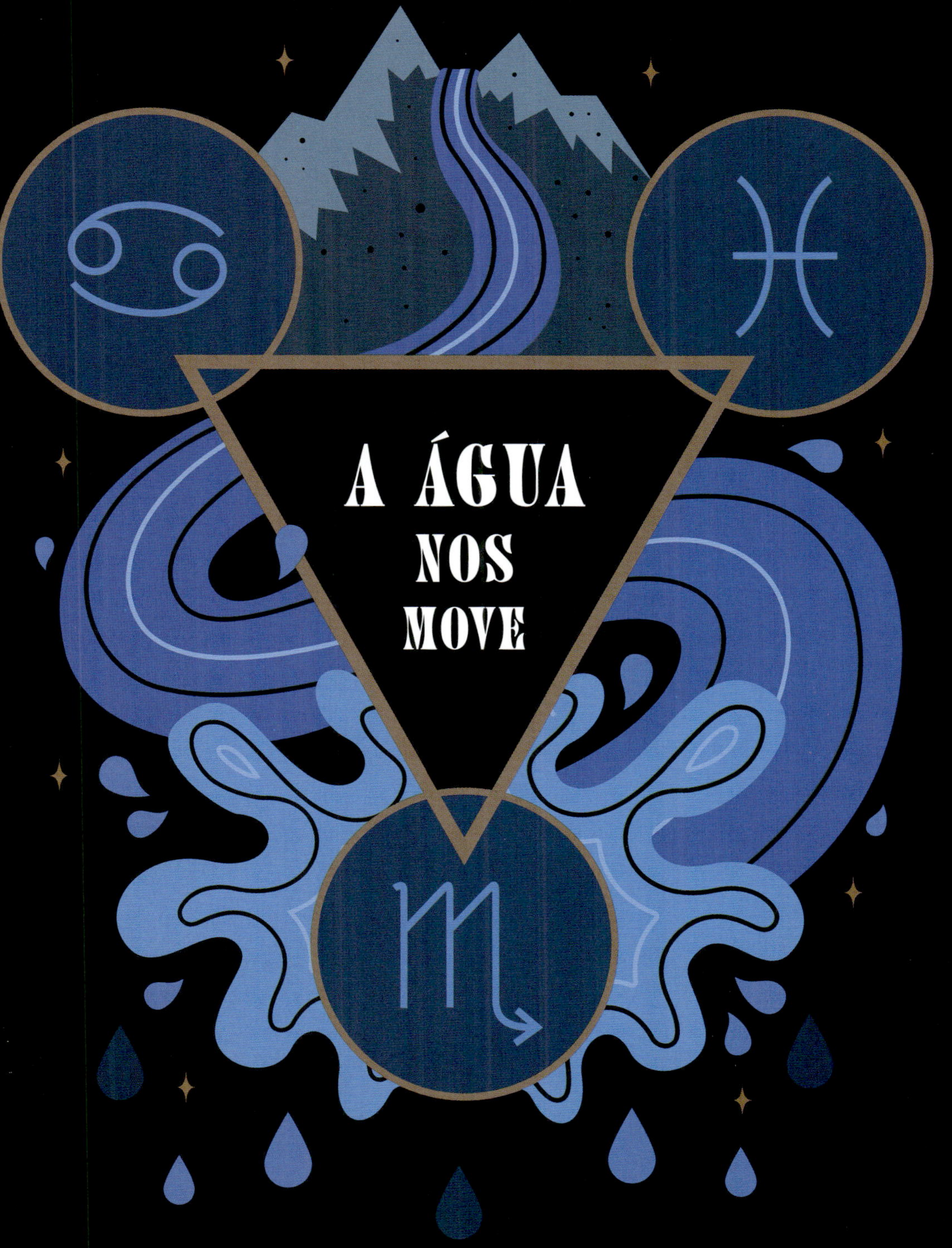
A ÁGUA
NOS
MOVE

POLARIDADES

Todos os doze signos do zodíaco têm uma polaridade, o que significa que eles têm uma carga positiva ou negativa. Mas isso não significa que os signos com carga negativa sejam de alguma forma ruins e os signos com carga positiva sejam bons, apenas significa que eles têm qualidades diferentes. É como uma bateria, com um lado positivo e outro negativo. Conhecer a polaridade dos signos em seu mapa astral ajuda você a entender os diferentes aspectos dos seus signos.

SIGNOS POSITIVOS

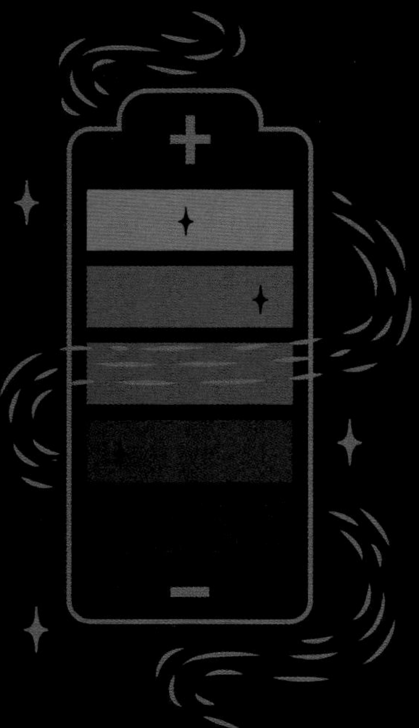

Os signos positivos tendem a ser extrovertidos, sociáveis, ativos e cheios de energia. Eles, em geral, têm uma personalidade dinâmica e forte, que se projeta para o mundo exterior, não para dentro. Se mais da metade dos planetas do seu mapa astral estiverem em signos positivos, isso pode dar origem a um caráter dominante. Esses planetas precisam de mais reconhecimento e são muito incisivos quando se trata da sua autoexpressão. Um número maior de planetas em signos positivos no mapa também pode significar que você é capaz de processar questões emocionais com rapidez e seguir em frente. Planetas em signos positivos também podem exercer um impacto sobre os planetas do seu mapa astral. Por exemplo, Marte, o planeta da guerra, normalmente é associado à agressividade, mas, quando está num signo positivo, pode ser protetor e defensivo.

Signos do zodíaco positivos (do mais positivo para o menos positivo):

Áries, Libra, Leão, Gêmeos, Sagitário, Aquário

Elementos

Fogo e Ar

Qualidades

Extrovertido, sociável, espontâneo, energia masculina, autoexpressão, dominante.

SIGNOS NEGATIVOS

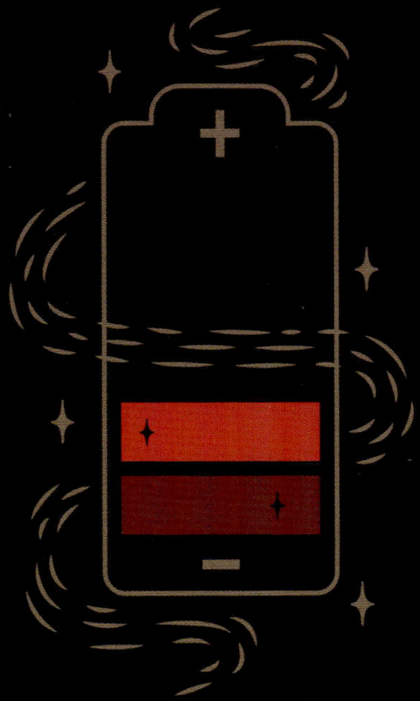

Um número maior de planetas em signos negativos no mapa astral tende a gerar uma personalidade mais introvertida e passiva. Você talvez se dê conta de que sua natureza é mais autorrepressora, porque você obedece mais às autoridades. Os signos negativos também são capazes de afetar os planetas do seu mapa astral. Se Vênus ou a Lua estiverem num signo negativo no seu mapa, isso pode significar que você é mais focado nas emoções e as sente muito intensamente em alguns momentos.

Signos do zodíaco negativos (do mais positivo para o menos positivo):

Touro, Câncer, Virgem, Escorpião, Capricórnio, Peixes

Elementos

Terra e Água

Qualidades

Introvertido, passivo, submisso, energia feminina, autorrepressor, receptivo.

Os signos negativos em geral complementam os signos positivos em termos de energia. Eles são introvertidos, retraídos e têm uma natureza muito reflexiva. São o oposto dos signos positivos, pois se voltam para dentro de si mesmos, não para o mundo exterior. São associados aos elementos Água e Terra, o que os torna muito receptivos às energias ao seu redor e suscetíveis às emoções dos outros. Os signos negativos são conservadores na vida e em suas escolhas, e são menos propensos a correr riscos do que os signos positivos.

4

OS PLANETAS

Além da Terra, os outros oito planetas (Mercúrio, Vênus, Marte, Júpiter, Saturno, Urano, Netuno e o planeta-anão, Plutão), o Sol, a Lua e os Nodos Norte e Sul são todos cruciais para você entender o seu mapa astral, assim como os conceitos básicos da astrologia.

Todos temos esses corpos celestes em nosso mapa, mas os planetas se expressam de maneira diferente dependendo do signo do zodíaco em que estão posicionados no momento do nosso nascimento. Cada planeta representa uma parte diferente da nossa personalidade e do nosso caráter, e cada um tem a sua própria energia. As posições dos planetas são fundamentais para entendermos o nosso comportamento e nossas atitudes.

Na astrologia, os planetas são divididos em luminares, planetas pessoais, planetas sociais e planetas transpessoais. Os luminares são o Sol e a Lua; embora não sejam planetas, são considerados os corpos celestes mais influentes. Os planetas pessoais incluem Mercúrio, Vênus e Marte. A órbita mais curta desses planetas significa que eles se movem rapidamente pelos signos do zodíaco e podem afetar nossa vida, nossas emoções e nosso comportamento de maneira mais profunda. Os planetas sociais, Júpiter e Saturno, representam as coisas que devemos integrar e equilibrar em nossa vida para sermos membros funcionais da sociedade, enquanto os planetas transpessoais, Urano, Netuno e Plutão, afetam nossa vida de modo mais amplo e duradouro, muitas vezes influenciando uma geração inteira.

Os Nodos Norte e Sul não são corpos físicos, mas, sim, pontos matemáticos do mapa astral, localizados em dois signos opostos do zodíaco. Eles podem ser essenciais para você entender o propósito da sua vida. Neste capítulo, analisaremos os luminares, os planetas e os Nodos Norte e Sul, mostrando as correspondências de cada um, para que você possa incorporar a energia deles em seus rituais e feitiços.

O SOL

A maioria das pessoas sabe qual é o seu signo solar, porque ele é tudo o que precisamos saber para ler nosso horóscopo na internet ou em jornais e revistas. Esse signo é a parte mais importante do seu mapa astral, pois ele ajuda a explicar o cerne da sua personalidade. Todos os planetas e corpos celestes do nosso sistema solar orbitam o Sol e é por isso que ele é tão importante no seu mapa astral.

Leva um ano para o Sol percorrer todos os doze signos do zodíaco. Esse astro, que rege o signo de Leão, o signo do coração, simboliza nossa personalidade, nossa identidade e nosso propósito na vida. Ele também representa como nos expressamos; porém, o modo como essa expressão se manifesta depende do signo do zodíaco e da casa astrológica em que o Sol está posicionado no mapa astral. Sua autoexpressão se manifestará por meio das características e dos traços do seu signo solar. Por exemplo, se o seu signo solar estiver em Touro, sua forma de autoexpressão será através de meios práticos e será impulsionada por um caráter confiável e realista.

O Sol também representa nosso ego, nossa autoestima, nossa autoimagem e o modo como vemos e interagimos com as outras pessoas. Ele revela o que nos motiva, o que nos entusiasma e o que nos impulsiona para a frente. A energia masculina do Sol está associada à saúde física e nossos níveis de energia também, embora a maneira como isso é expresso dependa do signo do zodíaco em que o Sol está posicionado. Quando o Sol está num dos signos de Fogo (Áries, Sagitário, mas principalmente Leão), pode representar uma pessoa com altos níveis de energia e motivação.

Sem a luz e o calor do Sol, nenhuma vida na Terra existiria. É do Sol que vêm nossa força vital e nossa capacidade de criar. É por isso que os astrólogos analisam primeiro o signo solar num mapa astral; é ele que lança as bases sobre as quais o significado de todos os outros signos é estabelecido. Seu signo solar é o que faz de você quem você é.

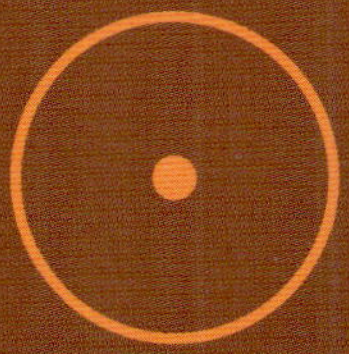

SÍMBOLO
O círculo representa o espírito e a força vital. O ponto é a centelha divina em todos nós.

CORES
amarelo, laranja, dourado

REGE O SIGNO DO ZODÍACO
Leão

SOL

PALAVRAS-CHAVE
o eu, ego, vida, vitalidade, criação, inspiração, poder, autoexpressão, identidade, personalidade, autoestima, energia, alegria, impulso, motivação

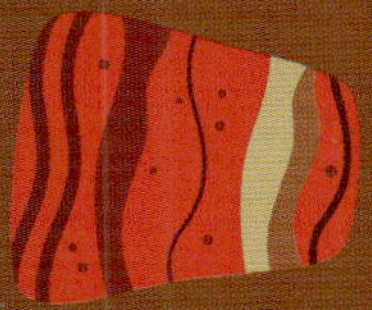

CRISTAIS
âmbar, citrino, granada, jaspe, peridoto, pirita, quartzo, pedra-do-sol, olho-de-tigre

ERVAS, PLANTAS E RESINAS
louro, benjoim, cedro, camomila, copal, eufrásia, zimbro, calêndula, alecrim, sândalo, girassol

CARTA DO TARÔ
O Sol

A LUA

A Lua está associada principalmente ao eu pessoal e às emoções. Depois do seu signo solar, o signo lunar é o segundo mais importante do mapa astral, pois representa o nosso mundo emocional e o modo como o expressamos. A Lua expõe nossos sentimentos, medos e desejos, e pode influenciar a força pela qual expressamos as características do nosso signo solar, mas de uma perspectiva emocional.

Como a Lua rege o signo de Câncer, esse luminar intensifica o foco nos sentimentos. Além de mostrar aquilo que queremos, ela também revela o que precisamos num nível emocional. O modo como isso será expresso depende do signo do zodíaco em que a Lua estava no momento do nascimento, pois cada signo é afetado de uma forma diferente.

A Lua se move rapidamente através de todos os doze signos do zodíaco, levando 28 dias para orbitar a Terra e passando 2,5 dias em cada signo. A natureza mutável da Lua pode ter um efeito direto sobre o nosso humor, assim como no modo como percebemos as coisas ao nosso redor e como respondemos a elas. A natureza mutável da Lua também a conecta à necessidade humana básica de segurança emocional, num mundo em constante mudança. A Lua mostra como buscamos e encontramos essa segurança e onde nos sentimos emocionalmente seguros.

Ela está associada aos pensamentos inconscientes. Entre eles estão os hábitos que adquirimos sem perceber. Todos nós absorvemos pensamentos, ideias e atitudes das pessoas à nossa volta de forma subconsciente e eles afetam o nosso comportamento e são trazidos à tona pela Lua. Esse luminar também está conectado à memória e ao passado. A Lua mostra onde estivemos, como nos desenvolvemos emocionalmente, os pontos fortes e fracos que herdamos dos nossos ancestrais e, o mais importante, ela mostra como tudo isso exerce um impacto direto sobre a nossa vida hoje.

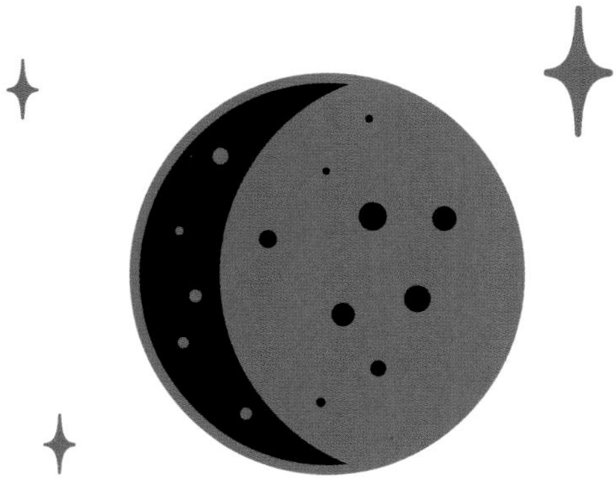

SÍMBOLO
Lua crescente

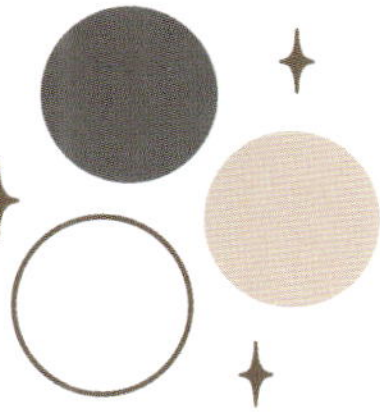

CORES
branco, prateado,
cinza, creme

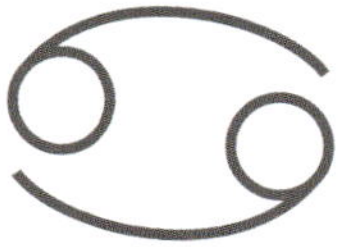

REGE O SIGNO DO ZODÍACO
Câncer

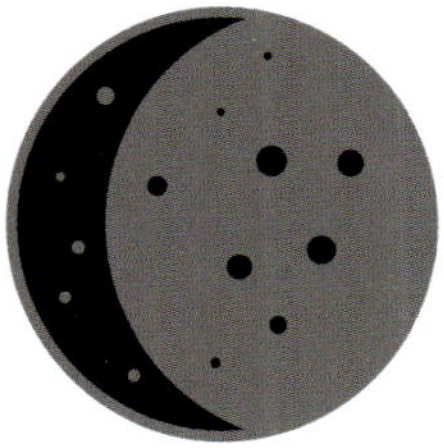

LUA

PALAVRAS-CHAVE
emoções, intuição, sentimentos,
receptividade, reflexão, instinto,
reação, mente subconsciente, o passado,
memória, energia feminina

CRISTAIS
água-marinha,
calcedônia, quartzo
transparente, pedra-da-lua,
opala, selenita,
quartzo-espírito

ERVAS, PLANTAS E ÁRVORES
aloe vera, erva-dos-passarinhos,
eucalipto, jasmim, lírio, melissa,
malva, papoula, salgueiro

CARTA DO TARÔ
A Sacerdotisa

MERCÚRIO

SÍMBOLO
Mensageiro
dos Deuses

CORES
verde, laranja,
azul-claro

REGE OS SIGNOS DO ZODÍACO
Gêmeos e Virgem

PALAVRAS-CHAVE
comunicação, conhecimento, mente,
pensamento, lógica, padrões, eloquência,
coordenação, fala, escrita,
inteligência, percepção

CRISTAIS
ágata, aventurina,
ágata-rendada azul, crisocola,
fluorita, cianita, moldavita,
quartzo-espírito

ERVAS, TEMPEROS E PLANTAS
samambaia (cuidado: tóxica), alcarávia,
canela, endro, lavanda, capim-limão,
manjerona, menta, salsa,
hortelã-pimenta, anis-estrelado,
tomilho, aspérula

CARTA DO TARÔ
O Mago

MERCÚRIO

Mercúrio é o menor planeta e o mais próximo do Sol. Ele recebeu o nome de uma divindade romana considerada o mensageiro alado dos deuses. Na mitologia grega, essa divindade é conhecida como Hermes. O simbolismo do mensageiro compartilhando informações mostra que Mercúrio é o regente da comunicação e da mente. Ele representa nossos processos de pensamento e padrões mentais: como compreendemos o mundo, como nossa mente forma ideias e como as expressamos e comunicamos às pessoas ao nosso redor.

Mercúrio destaca o nosso estilo de comunicação, seja ele bom ou ruim! Ele nos dá, portanto, uma ótima oportunidade para examinarmos o modo como nos comunicamos com as outras pessoas, além de fortalecer nossos limites. A forma como nos expressamos muda de acordo com o signo em que este planeta está; portanto, é importante saber em que signo Mercúrio está posicionado no seu mapa astral. Por exemplo, se Mercúrio estiver em Libra, o seu estilo de comunicação será justo e lógico, ao passo que, se Mercúrio estiver em Câncer, o seu modo de se comunicar provavelmente será mais emocional.

Mercúrio rege os signos de Gêmeos e Virgem; o primeiro é um signo de Ar que traz ideias e inspiração, e o segundo é um signo de Terra que é prático e realista. O elemento Terra influencia Mercúrio, fortalecendo sua associação com qualidades práticas, como a lógica e o raciocínio. O elemento Ar torna a inteligência e a rapidez de raciocínio também domínios de Mercúrio. Graças ao elemento Terra, prático e pragmático, o modo como você se comunica é tão importante quanto o ato de se comunicar. Como já foi dito, o modo como você se comunica depende do seu signo solar. E Mercúrio está associado não apenas à comunicação, mas também aos métodos que escolhemos para nos comunicar, como falar e escrever (tanto no papel quanto no computador).

Mercúrio leva aproximadamente 88 dias para orbitar o Sol e fica em cada signo do zodíaco por cerca de três semanas, mas também fica retrógrado de três a quatro vezes por ano. O famigerado Mercúrio retrógrado pode causar muitos problemas de comunicação (veja a página 126).

VÊNUS

SÍMBOLO
Deusa do amor

REGE OS SIGNOS DO ZODÍACO
Touro e Libra

CORES
cor-de-rosa,
branco, *off-white*

PALAVRAS-CHAVE
amor, beleza, harmonia,
valores, atração, prazer, afeição,
equilíbrio, dinheiro,
contentamento, plenitude

CRISTAIS
azurita, crisocola,
esmeralda, kunzita,
moldavita, quartzo
cor-de-rosa, arenito

ERVAS E PLANTAS
bardana, erva-dos-gatos,
narciso (atenção: tóxico),
margarida, damiana,
matricária, urze, hibisco,
raiz de íris, rosa

CARTA DE TARÔ
A Imperatriz

VÊNUS

Vênus é o segundo planeta mais próximo do Sol e recebeu o nome da deusa romana do amor e da beleza. Depois do Sol, Vênus é a estrela mais brilhante no céu. Este planeta simboliza nossa capacidade tanto para o amor platônico quanto para o romântico. Está associado à harmonia e à busca do equilíbrio no que fazemos. A satisfação e o contentamento estão associados a este planeta, por isso o signo em que Vênus está no seu mapa astral pode mostrar como você pode ter mais realização e felicidade na vida e de que maneira isso pode ocorrer.

Por ser a regente do signo de Touro, que pertence ao elemento Terra, Vênus é centrada e ancorada, e nos convida a ver e apreciar a beleza na nossa vida cotidiana, algo que muitas vezes deixamos passar despercebido. Touro também dá um toque sensual à energia desse planeta, relacionando Vênus aos prazeres que envolvem todos os nossos sentidos, bem como o amor e o cuidado que temos por nós mesmos. Touro também pode adicionar a Vênus um foco mais prático e voltado para o lado financeiro, o que significa que este planeta reflete o relacionamento que temos com o dinheiro e o papel que ele desempenha na nossa vida.

Vênus também rege Libra, um signo de Ar, o que associa este planeta ao romance e aos relacionamentos românticos, simbolizando o amor que temos pelos outros. Conhecer o signo em que Vênus está no seu mapa ajuda você a compreender seus valores românticos, o que você considera atraente e como você demonstra afeto. Isso também pode ajudá-la a entender melhor a si mesma, pois revela sua linguagem pessoal no amor, ou seja, sua capacidade de se relacionar com os outros. Isso envolve todas as formas pelas quais você gosta de expressar e receber amor. Embora Touro e Libra não sejam signos que tenham muito em comum, uma coisa que eles compartilham é o amor pelas coisas materiais. Isso faz que Vênus seja associada ao prazer derivado das posses, dos confortos e dos luxos do mundo material.

Vênus leva cerca de 225 dias para orbitar o Sol, passando quase 19 dias em cada signo do zodíaco. Esse tempo de órbita mais curto (em comparação com o da Terra) faz de Vênus um planeta mais influente em comparação com Urano e Netuno, por exemplo, que levam mais tempo para orbitar o Sol e passam muito mais tempo em cada signo.

MARTE

Marte é conhecido como "o planeta vermelho" devido à coloração avermelhada da sua superfície. Essa é uma cor apropriada para este planeta, pois Marte está associado à paixão e à força e à determinação.

Marte é o quarto planeta mais próximo do Sol em nosso sistema solar. Ele leva cerca de dois anos para orbitar o Sol, permanecendo em cada signo do zodíaco por um período de seis a sete semanas. O signo do zodíaco em que o planeta Marte está em seu mapa mostra o que impulsiona você para frente na vida e o que realmente a apaixona. Essa motivação, num nível básico, é necessária para você viver nosso dia a dia, mas também é uma motivação para você buscar a realização por meio das coisas que provocam a sua paixão.

Marte é tanto um planeta construtivo quanto destrutivo. Pode ser construtivo quando transformamos a sua energia obstinada em ambição e anseio por conquistar o que nos impulsiona na vida, mas ele também pode ser destrutivo caso essa energia voluntariosa se transforme em imprudência e comportamento egocêntrico. Também pode ser destrutivo quando gera e aumenta os níveis de agressividade, o que explica por que este planeta recebeu o nome do deus romano da guerra. Como Marte é regente do signo de Áries (sendo o Deus Ares a versão grega do deus romano da guerra), a natureza enérgica desse planeta vermelho também pode ajudá-la a entender por que você se impõe da maneira como faz e a maneira como lida com sua própria raiva e agressividade na vida cotidiana.

Marte está associado à luxúria e à sexualidade, porque também é regente do signo de Escorpião. O signo em que Marte está no seu mapa revela seus desejos e como você os expressa, sua libido, o que você considera atraente e o que lhe causa excitação. Enquanto Vênus é o planeta que molda quem amamos, Marte é o planeta que afeta o modo como expressamos nossa sexualidade.

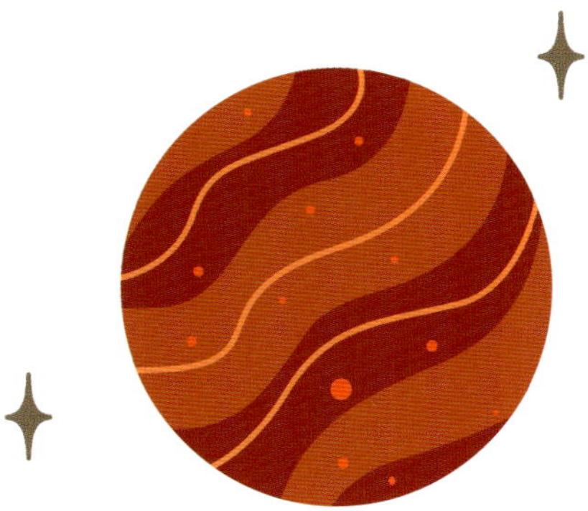

MARTE

SÍMBOLO
O escudo e a lança do deus da guerra.
Também é o símbolo do masculino.

COR
vermelho

REGE OS SIGNOS DO ZODÍACO
Áries e Escorpião

PALAVRAS-CHAVE
ação, vontade, paixão, impulso, determinação, luxúria, sexualidade, agressividade, construtivo, destrutivo, raiva

CRISTAIS
cornalina, heliotrópio, granada, hematita, jaspe vermelho, rodocrosita, rubi

ERVAS, TEMPEROS E PLANTAS
pimenta-da-jamaica, manjericão, coentro, cominho, espinheiro, urtiga, pimenta, tabaco (cuidado: tóxico), absinto

CARTA DE TARÔ
A Torre

JÚPITER

Conhecido como "o Grande Benéfico" devido à sua associação com a sorte, Júpiter rege expansões e crescimento. Este planeta pode nos mostrar nossas fraquezas, mas, devido à sua natureza positiva, faz isso de um modo a fazer delas uma experiência de aprendizado, dando-nos a chance de crescer e nos desenvolver.

Júpiter é o maior planeta do sistema solar e o quinto planeta mais distante do Sol. Ele deseja que prosperemos como pessoas e é por isso que também está associado ao otimismo e a coisas boas. Tem uma capacidade surpreendente para ver o lado positivo de tudo. É isso que conecta o Grande Benéfico à prosperidade, à sorte e à abundância, o que também faz dele o planeta associado aos jogos de azar. O signo em que Júpiter está no nosso mapa pode nos dizer onde e como podemos encontrar a sorte quando precisamos.

Associado à expansão, Júpiter rege o aprendizado superior e o desejo por conhecimento num nível intelectual. Por ser o planeta regente de Peixes, Júpiter também rege o crescimento espiritual e religioso, ajudando-nos a formar nossas crenças. O signo em que está Júpiter no seu mapa, portanto, representa sua inteligência e suas ideologias e filosofias pessoais. Este planeta a ajuda a entender onde estão seus dons e habilidades e como você pode usá-los para ensinar aos outros. Seu signo de Júpiter pode revelar seu senso de propósito, de onde ele vem e o que você precisa para continuar crescendo num nível pessoal. A corregência de Júpiter sobre Sagitário pode impulsioná-la a expandir sua mente em termos de viagens e exploração.

Júpiter leva cerca de doze anos para orbitar o Sol, passando cerca de um ano em cada signo do zodíaco. Isso significa que Júpiter é o melhor planeta com que trabalhar se você quiser elaborar um plano de longo prazo para alcançar seus objetivos.

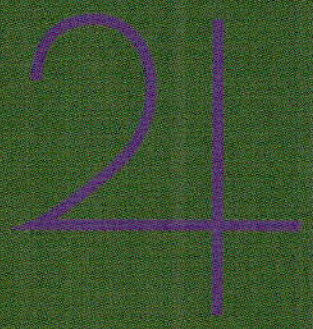

SÍMBOLO
Ele representa a ave do deus romano Júpiter, uma águia. Também pode representar um "Z", que é a primeira letra do nome de Zeus, equivalente grego de Júpiter.

CORES
verde, roxo, azul

REGE OS SIGNOS DO ZODÍACO
Sagitário e Peixes

JÚPITER

PALAVRAS-CHAVE
expansão, abundância, crescimento, sorte, prosperidade, conhecimento, sabedoria, otimismo, filosofia, positividade, poder, ideologias pessoais

CRISTAIS
lápis-lazúli, lepidolita, sugalita, topázio, turquesa

ERVAS, TEMPEROS E PLANTAS
agrimônia, cinquefólio, trevo, dente-de-leão, azeda-graúda, espinheiro-alvar, noz-moscada, orégano, sálvia

CARTA DE TARÔ
A Roda da Fortuna

SÍMBOLO
Uma antiga foice ou gadanha

REGE OS SIGNOS DO ZODÍACO
Capricórnio e Aquário

CORES
preto, cinza,
verde, marrom

SATURNO

PALAVRAS-CHAVE
limitações, restrição, perseverança, trabalho árduo, limites, controle, disciplina, em longo prazo, esforço, karma, dificuldades, sabedoria, estrutura, ordem

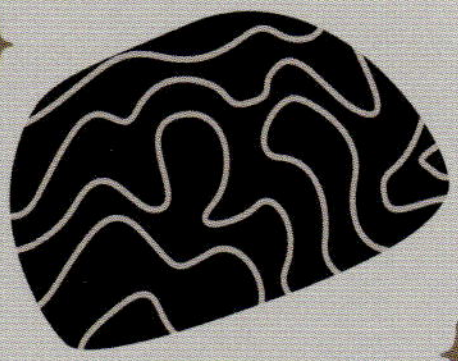

CRISTAIS
lágrima-de-apache, turmalina negra, calcita, hematita, jato, obsidiana, ônix, serpentina

ERVAS, PLANTAS E ÁRVORES
beladona (cuidado: tóxica), espinheiro-negro, confrei, cipreste, kava-kava, glória-da-manhã, verbasco, *patchouli*, chapéu-de-couro, selo-de-salomão

CARTA DE TARÔ
A Morte

SATURNO

Saturno, também chamado de "o Senhor do Tempo", é conhecido por ser muito desafiador. É considerado um planeta maléfico, pois nunca é fácil lidar com a energia que ele traz. Porém, isso não significa que algo positivo não possa vir de Saturno.

Saturno é o sexto planeta mais distante do Sol e o segundo maior planeta do nosso sistema solar. Ele leva 29,5 anos para orbitar o Sol, passando um pouco mais de dois anos em cada signo do zodíaco, o que faz que os efeitos desse planeta sejam de longa duração. Saturno diz respeito a aprender as lições da vida, principalmente aquelas que o tempo e a experiência nos ensinam. O crescimento e o desenvolvimento pessoal só são possíveis quando você compreende melhor a energia de Saturno.

O signo em que Saturno está no seu mapa pode ajudá-la a identificar quaisquer obstáculos que atrapalhem seu crescimento e mostrar como você pode superá-los. Ele também lança luz sobre quaisquer problemas recorrentes que você tenha na vida, ajudando-a a enfrentá-los e posteriormente superá-los, para se tornar a melhor versão de si mesma.

Saturno rege os signos de Capricórnio e Aquário e é normalmente associado a limitações. Se Júpiter nos ajuda a expandir, Saturno chega para restringir. Isso pode parecer cruel, mas essa restrição nos ajuda a desenvolver disciplina, ordem, estrutura, comprometimento, maturidade e responsabilidade. Nenhuma dessas coisas é fácil, mas o resultado de desenvolvê-las por meio do trabalho árduo é gratificante. As lições que você aprende por meio da disciplina de Saturno geralmente são difíceis, mas inspiram um sentimento de realização. Seu signo de Saturno pode dizer o quanto você é organizada e o caráter que desenvolveu através do trabalho árduo. Com Saturno, você colhe o que semeia.

URANO

PALAVRAS-CHAVE
mudança, inovação, individualismo, independência, liberdade, perturbação, imprevistos, rebelião, originalidade

SÍMBOLO
A cruz (matéria) sobre o círculo (espírito). Os dois semicírculos representam a receptividade..

COR
azul neon

REGE O SIGNO DO ZODÍACO
Aquário

CRISTAIS
água-marinha, azurita, labradorita, moldavita, zircônia

ERVAS, TEMPEROS E ÁRVORES
canela, cravo-da-índia, café, equinácea, noz-de-cola, noz-moscada, pinheiro, valeriana

CARTA DE TARÔ
O Louco

URANO

Urano é conhecido como "o Grande Despertador", pois causa mudanças e perturbações repentinas, embora a forma exata como isso se manifesta dependa do signo do zodíaco e a casa em que este planeta está posicionado no mapa astral.

Urano é o sétimo planeta mais distante do Sol e recebeu o nome do deus grego do céu, Ouranos. Ele leva 84 anos para orbitar o Sol e passa cerca de sete anos em cada signo do zodíaco. Como ele leva muito tempo para se mover ao redor do Sol, não se percebe o efeito de Urano individualmente, mas, sim, numa escala muito mais ampla e duradoura, que abrange toda uma geração.

Sua transição lenta faz que a posição do signo de Urano seja a mesma no mapa de muitas pessoas da mesma geração. Isso torna Urano um dos planetas transpessoais, com Netuno e Plutão, que oferecem oportunidades de crescimento em longo prazo devido ao longo tempo que levam para orbitar o Sol.

Urano é conhecido por ser um planeta desafiador, que rege o inesperado, o caos e as mudanças súbitas. Sua energia é indefinida e apresenta picos que podem se manifestar em nossa vida na forma de estresse, ansiedade e tensão. Seu signo de Urano pode ajudá-la a descobrir como alcançar um estado de espírito e uma consciência mais elevados, que lhe permitam superar esses estresses. Se você quer ter mais clareza interiormente, seu signo de Urano pode ajudá-la a identificar a melhor maneira de alcançar esse objetivo.

Urano rege o pensamento progressista de Aquário, portanto, se Urano estiver em Aquário no seu mapa, você se identificará mais com a sua própria geração. E, graças a esse signo, a energia peculiar, não convencional e inovadora de Urano pode levar ao ativismo e à rebelião.

NETUNO

Netuno está associado ao mundo invisível e ao que está abaixo da superfície. Ele rege a mente subconsciente e os aspectos invisíveis de quem somos, bem como o idealismo, os sonhos e a magia.

Netuno é o oitavo planeta do nosso sistema solar e leva cerca de 165 anos para orbitar o Sol, passando cerca de quatorze anos em cada signo do zodíaco. Netuno é outro planeta transpessoal, portanto, seus efeitos são geracionais, não pessoais. Netuno é uma ponte para todas as coisas místicas e extrassensoriais; ele nos motiva a transcender as barreiras que nosso ego criou para que possamos nos conectar com o que está além do que nossos olhos podem ver. Ele é um lembrete de que tudo e todos no universo estão conectados.

Netuno é o planeta da espiritualidade e nos instiga a encontrar e usar nossa própria espiritualidade para avançar na vida e ser pessoas melhores. Conhecer o signo em que está Netuno no seu mapa pode ajudá-la a entender mais sobre sua própria criatividade, bem como as práticas espirituais que falam à sua alma. Este planeta também abre canais para você se conectar à sua intuição num nível mais profundo, mas o modo como você vai fazer isso depende do signo do zodíaco em que Netuno está posicionado em seu mapa.

Por outro lado, Netuno pode ser a causa de ilusões, fantasias e pensamentos abstratos, o que pode turvar sua percepção da realidade. Não ajuda o fato de que Netuno é o regente de Peixes, o que intensifica qualquer versão alternativa e onírica da realidade que possamos ter; isso também pode levar a uma forma de escapismo, em que preferimos nossa própria versão da realidade em vez do que está acontecendo ao nosso redor. Devido ao seu domínio sobre Peixes, Netuno também pode nos tornar emocionalmente sensíveis.

NETUNO

PALAVRAS-CHAVE
unificação, imaginação, inspiração, sensibilidade, criatividade, escapismo, ilusão, idealismo, amor romântico, engano, iluminação

SÍMBOLO
Tridente do deus grego Poseidon

REGE O SIGNO DO ZODÍACO
Peixes

ERVAS E PLANTAS
papoula-da-califórnia, samambaia (cuidado: tóxica), jasmim, lótus, alga-marinha

CARTA DE TARÔ
O Enforcado

CRISTAIS
ametista, calcita, jade, coral vermelho, turquesa

CORES
azul, violeta

PLUTÃO

Com um nome que homenageia o Deus romano do Mundo Subterrâneo, Plutão está associado às nossas partes mais profundas e sombrias, e ao nosso impulso de enfrentá-las para crescer e evoluir.

Plutão é nono planeta do nosso sistema solar (na verdade, foi reclassificado como planeta-anão), o que o torna o planeta mais distante do Sol. Plutão leva 248 anos para dar uma volta completa ao redor do Sol e, devido à sua órbita incomum (Plutão também gira na direção oposta à maioria dos outros planetas), ele passa entre doze e 31 anos em cada signo do zodíaco. Pelo fato de ser um dos planetas regentes do signo de Escorpião, este planeta também está associado ao ocultismo, ao espiritualismo e às coisas invisíveis e desconhecidas. Intenso e poderoso, ele representa a transformação e a regeneração, mas o processo que leva a isso não é fácil. Primeiro o seu ego precisa morrer, para depois renascer das cinzas, transformado com a ajuda da energia plutoniana.

Devido ao tempo extremamente longo que ele leva para dar uma volta em torno do Sol, Plutão não nos afeta no nível individual, mas influencia as ações de gerações inteiras. Isso ocorre porque Plutão é tanto um criador quanto um destruidor, pois rege o nascimento, a morte e o renascimento. Na Astrologia Evolutiva, Plutão revela mais sobre as nossas vidas passadas (se essa for a nossa crença), pois representa a jornada da alma e suas intenções e propósito para esta vida atual. O modo como isso se manifesta plenamente, no entanto, depende do signo em que Plutão está posicionado no mapa astral. O signo de Plutão também pode revelar quaisquer vícios, comportamentos ou hábitos que causem sofrimento, e assim identificar tudo o que precisamos sacrificar para crescer e nos desenvolver como pessoa, num nível mais profundo.

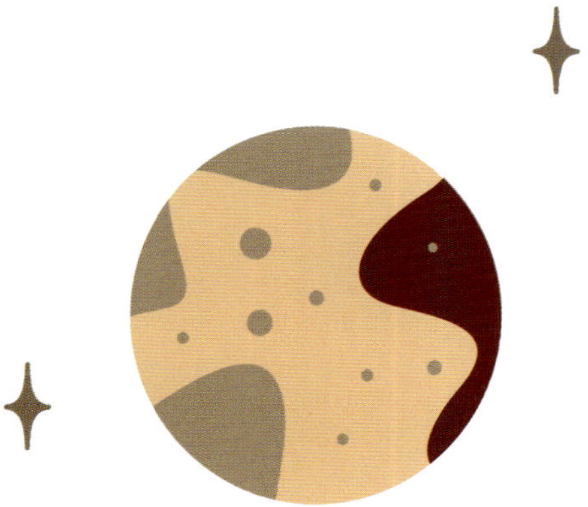

SÍMBOLO
O círculo simboliza o espírito,
a crescente simboliza a receptividade
e a cruz representa a matéria.

CORES
vermelho-sangue,
preto, violeta

REGE O SIGNO DO ZODÍACO
Escorpião

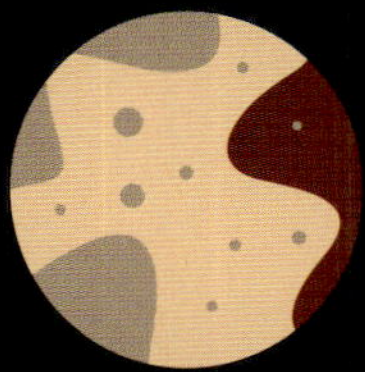

PLUTÃO

PALAVRAS-CHAVE
transformação, morte, renascimento,
renovação, regeneração, mudança, secretismo,
ocultismo, transmutação, tabu,
a mente inconsciente

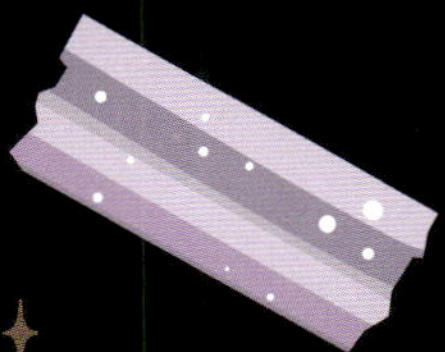

CRISTAIS
obsidiana negra, kunzita,
quartzo enfumaçado,
espinélio, quartzo turmalinado

ERVAS, PLANTAS E ÁRVORES
damiana, figueira, ginseng,
folha de framboesa, trílio

CARTA DE TARÔ
O Julgamento

NODOS *Lunares*

Os Nodos lunares não são corpos físicos, como planetas e estrelas, mas pontos matemáticos no céu, onde a Lua cruza a trajetória elíptica do Sol.

Todo mês, a Lua cruza duas vezes a órbita da Terra ao redor do Sol, dando origem aos Nodos Norte e Sul. Quando a Lua cruza a trajetória do Sol enquanto se move em direção ao Hemisfério Norte, ela produz o Nodo Norte, também conhecido como Cabeça do Dragão. O ponto onde a Lua cruza a elíptica ao seguir em direção ao Hemisfério Sul é o Nodo Sul, ou Cauda do Dragão. Juntos, esses dois pontos são conhecidos como "Nodos do Destino", por revelarem informações sobre o passado e o futuro.

NODO NORTE

Símbolo

Cabeça do Dragão

Palavras-chave

Destino, propósito de vida, crescimento, evolução, realização do propósito da alma.

O Nodo Norte no seu mapa astral representa o propósito da sua alma e as coisas que você precisa viver e aprender nesta vida para crescer e aprofundar a sua espiritualidade. É o destino que você busca continuamente ao longo da vida, enquanto se empenha para cumprir seu propósito nesta encarnação; porém, esse não é uma trajetória sem desafios. Ela requer que você saia da sua zona de conforto, enquanto abre o seu caminho à frente e explora um território desconhecido que apenas você pode desbravar, o que pode parecer assustador. Conhecer o signo do zodíaco em que seu Nodo Norte está posicionado a ajuda a entender sua jornada e o que você precisa fazer para estimular seu crescimento pessoal.

NODO SUL

Símbolo

Cauda do Dragão

Palavras-chave

O passado, o familiar, zona de conforto, habilidades naturais, karma, estagnação.

O Nodo Sul representa o passado e é o ponto onde começamos a nossa jornada kármica. Ele simboliza os padrões de comportamento e pensamento instintivos, mas também os que são adquiridos e incorporados durante a infância. O Nodo Sul pode ser descrito como sua zona de conforto e inclui não só suas habilidades naturais, mas também comportamentos e atitudes herdadas, que atrapalham o crescimento e desenvolvimento da sua alma. Saber em qual signo está posicionado o seu Nodo Sul a ajudará a entender as lições que você aprendeu ao longo desta vida, os desafios que já superou e como pode aplicá-los à sua vida no presente. Se você acredita em reencarnação, o seu Nodo Sul também lhe dirá sobre as lições que aprendeu em vidas passadas.

SÍMBOLO
O Curador Ferido

REGE O SIGNO DO ZODÍACO
Virgem

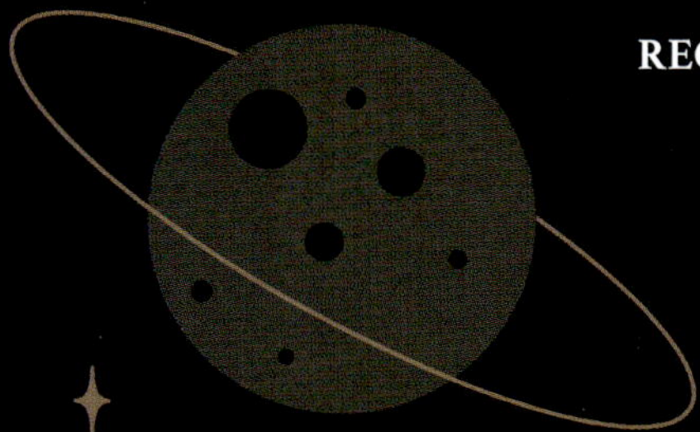

QUÍRON

PALAVRAS-CHAVE
ferido, sofrimento,
cura própria, inadequação,
cura espiritual, o desbravador

CRISTAIS
charoíta,
quartzo enfumaçado

ERVAS E TEMPEROS
erva-da-febre,
noz-moscada, açafrão

ELEMENTO
Terra

QUÍRON

Quíron é um cometa que orbita o Sol entre as órbitas de Saturno e Urano. Ele só foi descoberto em 1977, por isso a astrologia ainda está estudando esse corpo celeste e como ele pode afetar nossa vida. Ele recebeu o nome de um centauro da mitologia grega, mas Quíron é provavelmente mais conhecido pelo seu outro nome, "o Curador Ferido".

Quíron representa nossas feridas mais profundas e doloridas, mas também nossa capacidade de curá-las. Sua posição no mapa revela onde você pode explorar e compreender as feridas profundas que carrega. Ele também traz consigo uma energia kármica, que são as feridas que carregamos de vidas passadas e que precisamos trabalhar e curar nesta vida. Carregaremos o peso dessa energia até que tenhamos curado essas feridas kármicas. Isso não é fácil. Quíron quer que encaremos de frente os problemas que carregamos antes de começarmos o processo de cura, entendendo a natureza de nossas feridas mais profundas. Isso exige muito trabalho, dedicação e paciência, pois é uma jornada que pode durar a vida inteira.

A energia de cura de Quíron é poderosa, e a casa e o signo do zodíaco em que ele está posicionado no mapa astral revelam muito sobre as áreas da vida que precisam de cura, mas também onde existe a capacidade de curar.

É muito comum que você compense inconscientemente essa área, mas a sua cura não se iniciará até que você enfrente seus sentimentos de inadequação. Meu Quíron está posicionado na terceira casa, no signo de Gêmeos, o que significa que tenho dificuldade em expressar a minha verdade e me fazer ouvir. Acho difícil comunicar meus sentimentos, mas, para curar essa ferida, preciso encontrar maneiras de me expressar, por mais desconfortável que isso possa ser. Pessoas com Quíron em Gêmeos podem compensar falando demais ou quase não falando nada.

Se o seu Quíron está em Câncer, isso mostra que suas feridas são de natureza emocional, mas, para começar a se curar, você precisa aprender a se distanciar das emoções mais avassaladoras e capazes de consumir toda sua energia. Isso pode não ser fácil, mas a cura virá quando você passar a direcionar para si mesma a energia que normalmente despende cuidando dos outros. Se você tem Quíron em Aquário, pode ter feridas provocadas pelo sentimento de não se encaixar ou de não ser aceito pela sociedade em geral. A cura para esse signo só será possível quando você aprender a se aceitar como é, em vez de tentar mudar quem é apenas para ser aceita.

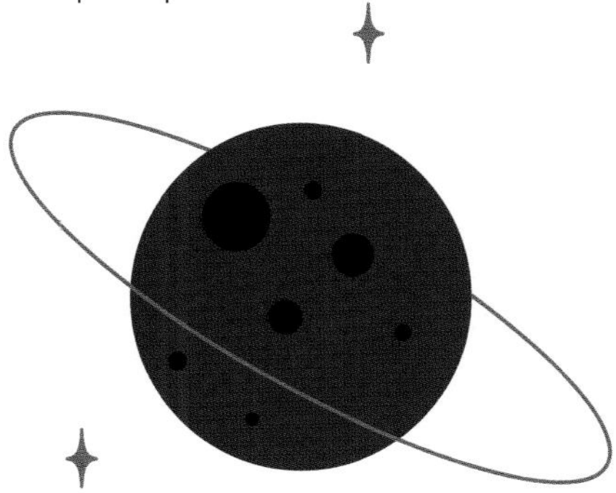

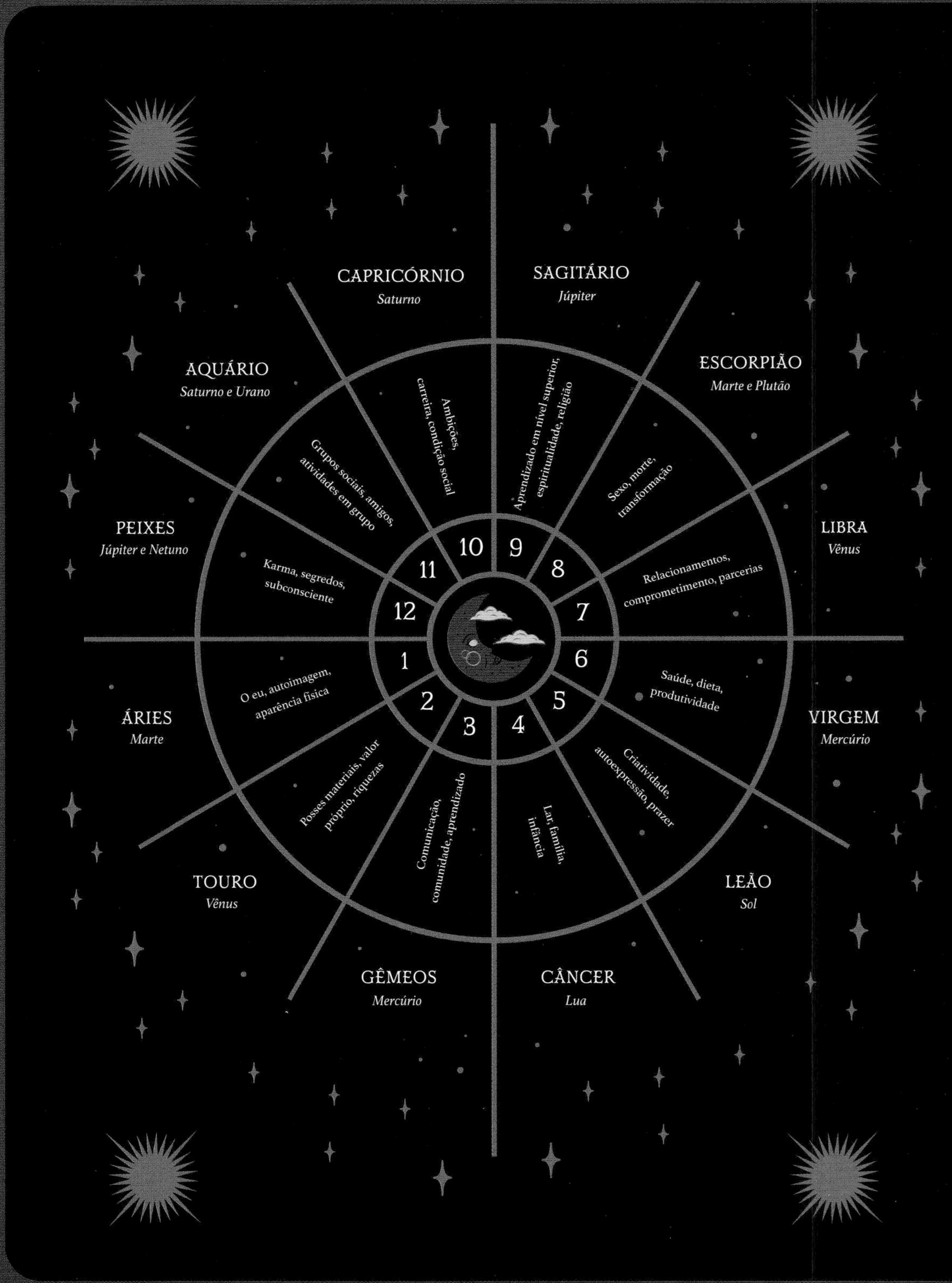

CAPRICÓRNIO
Saturno
SAGITÁRIO
Júpiter
AQUÁRIO
Saturno e Urano
ESCORPIÃO
Marte e Plutão
PEIXES
Júpiter e Netuno
LIBRA
Vênus
ÁRIES
Marte
VIRGEM
Mercúrio
TOURO
Vênus
LEÃO
Sol
GÊMEOS
Mercúrio
CÂNCER
Lua
1
O eu, autoimagem, aparência física
2
Posses materiais, valor próprio, riquezas
3
Comunicação, comunidade, aprendizado
4
Lar, família, infância
5
Criatividade, autoexpressão, prazer
6
Saúde, dieta, produtividade
7
Relacionamentos, comprometimento, parcerias
8
Sexo, morte, transformação
9
Aprendizado em nível superior, espiritualidade, religião
10
Ambições, carreira, condição social
11
Grupos sociais, amigos, atividades em grupo
12
Karma, segredos, subconsciente

5

CASAS ASTROLÓGICAS

O zodíaco é dividido em doze partes, chamadas casas. Cada casa é regida por um dos doze signos do zodíaco e representa uma das diferentes esferas de nossa experiência e existência humana (veja a ilustração na página ao lado). As características dos signos que regem as casas determinam qual parte da vida elas representam; por exemplo, Câncer, que rege a quarta casa, é um signo voltado para o lar, a família e a infância, por isso esses são os assuntos representados por essa casa. A primeira casa é regida por Áries, o primeiro signo do zodíaco, a segunda casa é regida por Touro e assim sucessivamente, no sentido anti-horário, até a décima segunda casa, regida por Peixes.

No seu mapa astral, os planetas se distribuem por essas doze casas (cada uma regida por um signo), de acordo com a posição desses astros no céu no momento em que você nasceu, a partir do seu ponto de vista na Terra. Para conhecer o seu significado, os planetas e os signos devem ser interpretados no contexto das casas em que estão nesse momento. Os mapas astrais são interpretados combinando-se o significado de cada planeta com o das casas e signos em que eles se encontram.

É comum que haja uma ou várias casas vazias no seu mapa. Isso significa que elas não contêm corpos celestes, como planetas. Porém, mesmo uma casa vazia ainda pode revelar muito sobre você, e o fato de ela estar vazia não significa que você não viverá experiências nos assuntos que ela representa.

As doze casas são divididas em três categorias principais: angulares, sucedentes e cadentes. As casas angulares (1, 4, 7, 10) têm uma forte influência no seu mapa astral, porque estão associadas a energias autoativadoras. As casas sucedentes (2, 5, 8, 11) vêm depois das casas angulares e estão associadas a desejos pessoais e onde encontramos segurança. As casas cadentes (3, 6, 9, 12) têm menos poder sobre o seu mapa e muitas vezes representam as áreas da sua vida onde há uma troca ou entrada de energia.

PRIMEIRA *Casa*

A primeira casa, também chamada de "a casa do eu", é onde nossa identidade é formada e nossos alicerces, lançados. Regida pelas energias de Áries e do planeta Marte, ela representa quem você é e que tipo de pessoa você se tornará no futuro, com base em seu pleno potencial. Como esta é a primeira casa, ela também representa novos começos e por isso rege nossa infância e nossa personalidade em desenvolvimento.

A atividade no céu ocidental no momento do seu nascimento representa o modo como vemos o mundo, que é, basicamente, nossa perspectiva da vida, assim como nossas qualidades e características básicas. Essa parte do céu também representa nosso comportamento instintivo e o modo como escolhemos expressar nosso eu autêntico.

A primeira casa rege nossa aparência física, nossa força exterior, mas, mais importante ainda, o modo como apresentamos nosso eu exterior aos outros. Isso inclui a altura e a cor do cabelo. Embora nunca devamos julgar um livro pela capa, na realidade, num nível consciente e até mesmo subconsciente, julgamos as pessoas pela aparência. A análise da primeira casa é, portanto, importante para que possamos causar a melhor primeira impressão visual possível. O modo como as qualidades da primeira casa se aplicam a você depende dos planetas e signos presentes nesta casa no seu mapa astral. Em todos os mapas, a primeira casa é o domicílio do signo ascendente. O estudo tanto do seu signo solar quanto do Ascendente ajuda você a começar a entender sua personalidade num nível mais profundo. Quaisquer planetas presentes na sua primeira casa terão um grande impacto sobre a sua personalidade exterior. A comparação da sua primeira casa com a sexta também revela informações sobre sua saúde geral e seus níveis de energia.

Se, assim como eu, você tem Aquário na primeira casa, você é uma pessoa que deseja encontrar seu próprio caminho, em vez de seguir a multidão. Certamente me identifico com a necessidade aquariana de independência e com o lado excêntrico e rebelde desse signo do zodíaco! Se a Lua estiver na sua primeira casa, você pode achar difícil esconder suas emoções. Consequentemente, você vive sempre na defensiva, porque sente que suas emoções a tornam vulnerável a mágoas. Júpiter, o planeta da expansão, nesta casa, muitas vezes significa que você tem um caráter extrovertido, confiante, até mesmo cativante, enquanto Plutão nesta casa pode fazer de você uma pessoa séria e intensa.

1 PRIMEIRA CASA

ELEMENTO
Fogo

SIGNO DO ZODÍACO	PLANETA REGENTE	TIPO DE CASA
Áries	Marte	Angular

PALAVRAS-CHAVE
o eu, autoimagem, aparência física, individualidade, caráter, novos começos, instinto, autenticidade, personalidade

SEGUNDA *Casa*

A segunda casa está associada ao mundo material. Muitas vezes conhecida como "a casa do valor", ela representa nossos bens materiais e nossa condição financeira e, graças a Touro, um signo de Terra, esta casa ajuda a direcionar as suas energias para os bens pessoais e recursos materiais.

Esta casa é considerada uma das que representam a carreira profissional, com a sexta e a décima. Analise essas casas se precisar de orientação vocacional, pois elas podem ajudá-la a seguir na direção certa. Graças ao planeta regente Vênus, a segunda casa também representa os desejos que temos em relação ao ganho material, assim como nosso senso de valor e autoestima. Ela reflete nossa atitude em relação ao conceito de propriedade, e revela a conexão que podemos fazer entre nosso valor pessoal e a posse de bens materiais. Também mostra como podemos usar nossa prosperidade material para nos desenvolver em diferentes áreas da vida.

A segunda casa também é onde obtemos nosso senso de segurança e estabilidade. Alguns encontram segurança em bens materiais, como na casa onde moram, enquanto outros encontram segurança na sua força interior. Os signos e elementos dos corpos celestes presentes nesta casa podem nos mostrar do que realmente precisamos para nos sentir seguros neste mundo e como alcançar isso. Se você tem muitos planetas na segunda casa, isso pode indicar que você é uma pessoa que tem questões relacionadas à autoestima e ao dinheiro. Se o seu signo solar está nesta casa, seu senso de estabilidade vem da riqueza material e você tende a ser sagaz com dinheiro. Minha segunda casa é muito movimentada! Eu tenho uma conjunção Sol-Vênus-Mercúrio em Áries. Essa combinação traz uma energia criativa que pode se manifestar por meio das artes, da música, de conversas criativas e da escrita. Graças a Vênus, tenho paixão por compartilhar conhecimentos de Bruxaria, astrologia e tarô, especialmente com aqueles que estão iniciando seus estudos e jornadas espirituais. Para mim, isso se manifesta através das palavras, seja nos meus livros ou nas redes sociais.

Se você tem o signo de Virgem na segunda casa, seu sentimento de autoestima tende a depender dos relacionamentos com as pessoas da sua vida. Ter Júpiter nesta casa é favorável em termos financeiros, pois esse é o planeta da expansão, da sorte e da abundância. Por outro lado, Urano é provavelmente a pior posição planetária, pois traz mudanças inesperadas e interrupções em sua situação financeira. Para entender mais, você também deve analisar quaisquer outros planetas e signos presentes em sua segunda casa, caso os tenha.

SEGUNDA 2 CASA

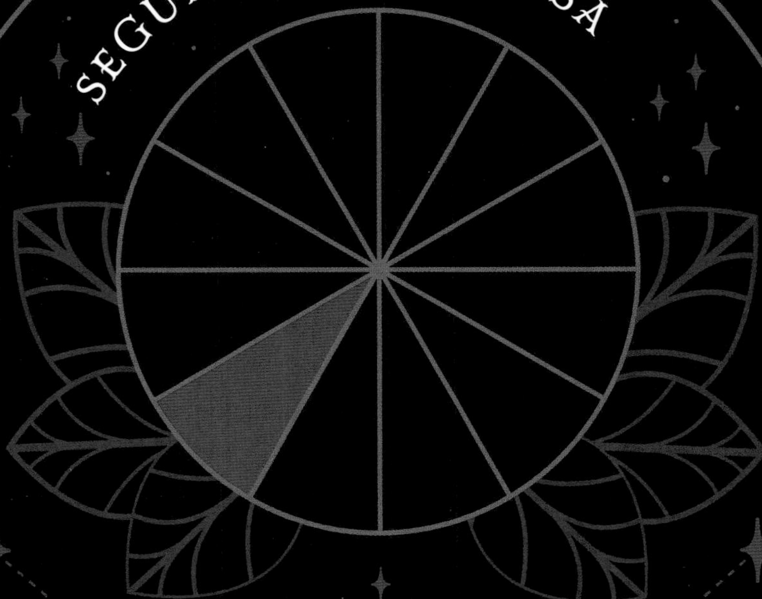

ELEMENTO
Terra

SIGNO DO ZODÍACO
Touro

PLANETA REGENTE
Vênus

TIPO DE CASA
Sucedente

PALAVRAS-CHAVE
posses materiais, autoestima, autoexpressão, riqueza, segurança, estabilidade, recursos, valores

3

TERCEIRA CASA

ELEMENTO
Ar

SIGNO DO ZODÍACO
Gêmeos

PLANETA REGENTE
Mercúrio

TIPO DE CASA
Cadente

PALAVRAS-CHAVE
comunicação, fala, irmãos, aprendizado, mentalidade, viagens curtas, ambiente próximo, vizinhos, educação na primeira infância

TERCEIRA *Casa*

A terceira casa é conhecida como "a casa da comunicação" porque, graças ao seu planeta regente, Mercúrio, esse é o assunto principal representado por ela. A comunicação é a base de todos os relacionamentos saudáveis, e esta casa se concentra na comunicação entre nós e aqueles que estão próximos a nós, como a nossa família, com um foco especial em nosso relacionamento com os irmãos e os vizinhos.

Essa comunicação pode ocorrer tanto oralmente quanto por escrito, o que faz que essa terceira casa represente o momento em que começamos a nos expressar, como na primeira infância, que inclui aprender maneiras de nos comunicarmos com as pessoas ao nosso redor.

Como o signo desta casa é Gêmeos, ela representa a inteligência, que possibilita o aprendizado, e a mente, que processa as informações e analisa os problemas. São elas também que possibilitam o desenvolvimento das nossas habilidades de comunicação desde uma tenra idade. A terceira casa também está relacionada a viagens curtas e ao modo como usamos nossa inteligência de maneira prática para ajudar as pessoas ao nosso redor.

O impacto que esta casa tem sobre você depende da posição dos corpos celestes em seu mapa astral. Mercúrio (o planeta da comunicação), assim como outros planetas, quando posicionado na terceira casa, pode revelar muito sobre o seu estilo de comunicação. Se você tem dois ou mais planetas na terceira casa, isso pode significar que você gosta de observar e reunir informações sobre as pessoas e o ambiente ao seu redor antes de falar.

Na minha terceira casa, tenho meu Nodo Norte em Gêmeos. O Nodo Norte simboliza o propósito desta vida e o fato de o meu estar em Gêmeos significa que estou aprendendo a desacelerar e seguir no meu próprio ritmo. Dando um passo de cada vez, estou aprendendo a atender às minhas próprias necessidades, estabelecendo limites e ganhando mais consciência das minhas experiências de vida. Com o Nodo Norte em Gêmeos, tenho que equilibrar o materialismo de Gêmeos com o crescimento espiritual. Se você tem Libra na terceira casa, muitas vezes pensa e fala muito sobre os outros. No entanto, você também é um bom ouvinte, pode ser imparcial e tem a capacidade de entender todos os lados de uma história. O desafio para Libra nesta casa é assumir sua própria voz e opinião, e demonstrar isso com equilíbrio na sua comunicação com os outros.

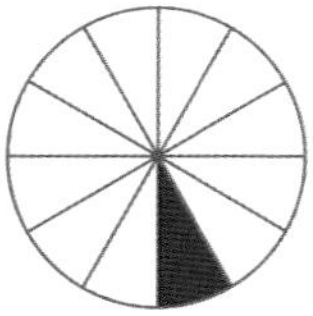

QUARTA *Casa*

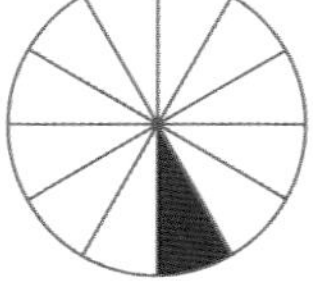

A quarta casa tem como tema o lar, a família e nossos ancestrais. Ela representa o lugar onde nos sentimos à vontade para fincar nossas raízes e usar como refúgio. Tornamos nosso lar um lugar seguro em todos os aspectos (físico, mental e emocional) para nós mesmos e para nossa família. É um lugar onde nos sentimos mais centrados, por isso, quando voltamos para casa, estamos voltando também para a nossa casa mental e emocional, além de física.

A quarta casa também inclui o relacionamento que temos com os nossos pais e com a nossa família mais ampla, mas principalmente o relacionamento que temos com a nossa mãe. Isso ocorre porque a quarta casa é regida pela Lua, que está associada às energias femininas (Yin) e à maternidade. Esse luminar, com o signo de Câncer, faz desta casa o nosso núcleo emocional, onde desenvolvemos nossa resiliência emocional. É onde deveríamos nos sentir seguros e protegidos, embora isso dependa do ambiente familiar em que fomos criados e da sensação de segurança que ele nos proporcionou na primeira infância.

Se você tem planetas extrovertidos, como Marte e Júpiter, nesta casa, pode ser que busque sua realização pessoal fora do lar paterno, ao passo que, se tiver a Lua e Saturno, planetas mais introvertidos, na quarta casa, é mais provável que encontre sua força e segurança dentro de casa. Vênus na quarta casa também pode indicar que você gosta de ficar em casa e é importante que seu lar seja decorado com coisas bonitas.

Júpiter na quarta casa também pode representar uma família grande, com muitos irmãos, e um ambiente doméstico agitado, mas feliz. O signo de Áries, que é um signo de Fogo, nessa parte do seu mapa astral pode representar falta de paciência no ambiente familiar, especialmente com crianças. Isso pode ocorrer porque você está contendo muita agressividade, o que afeta seus relacionamentos familiares e o espaço que você chama de lar. Eu tenho a Lua em Gêmeos na minha quarta casa, o que significa que minha família e minha casa são cruciais na minha vida. Meus ancestrais, minhas raízes e minha herança são importantes para mim, e sinto uma conexão especial com o lugar onde nasci e fui criada.

4

QUARTA CASA

ELEMENTO
Água

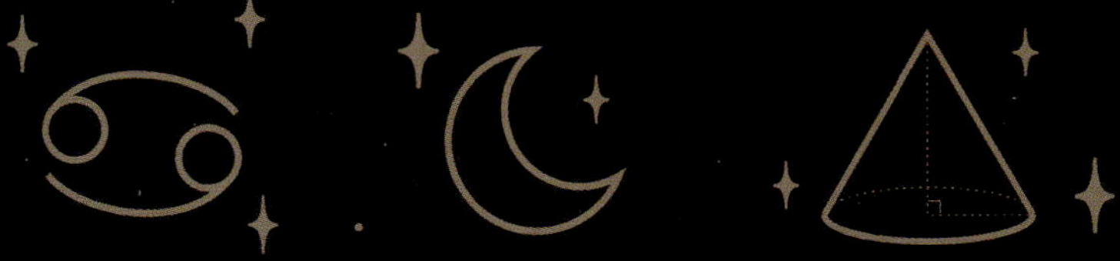

SIGNO DO ZODÍACO
Câncer

PLANETA REGENTE
Lua

TIPO DE CASA
Angular

PALAVRAS-CHAVE
família, lar, pais, ambiente, segurança, proteção, nossas raízes, infância, nossa criação

QUINTA *Casa*

A quinta casa, que é regida pelo Sol e pelo signo de Leão, está associada à criatividade e ao prazer. Ela representa o impulso de criar e o modo como essas energias criativas tomam forma na nossa vida. Isso pode ocorrer por meio da arte, do fluxo de ideias, da música e da criação dos filhos. Nesse contexto, as crianças são vistas como uma extensão de nós mesmos e das nossas próprias energias criativas.

Esta casa mostra o que você gosta de fazer para se divertir, o que lhe traz alegria e o tipo de criatividade que nutre a sua alma e sustenta você. Basicamente, trata-se da nossa autoexpressão e de como escolhemos nos expressar. Uma compreensão mais ampla da casa cinco pode fazer que você perceba seu foco nas crianças como uma conexão com a sua criança interior e as coisas que faz para gerar sentimentos genuínos de alegria e felicidade infantil. Esta casa é sobre perder-se no momento e ficar completamente presente, se entregando ao prazer do aqui e agora e aproveitando-o ao máximo. É por isso que a quinta casa também está associada aos casos de amor e ao romance, pois ambos trazem prazer emocional.

As pessoas com uma quinta casa movimentada costumam ser extremamente criativas. Sentem a necessidade de se expressar através de um jeito muito próprio, que lhes proporciona um profundo senso de prazer e realização, e não apenas como um *hobby* casual. O fato de você ter poucos planetas e signos na quinta casa não significa que não seja criativa, mas pode ser mais difícil fazer com que essas energias criativas fluam de dentro de você.

Se o seu signo solar está na quinta casa, é mais provável que você saiba se expressar de maneira livre e confiante. Ao passo que, se Saturno estiver nesta casa, você terá dificuldade para confiar nas pessoas e achará muito difícil se expressar para aqueles ao seu redor. Eu tenho Gêmeos na quinta casa, o que significa que gosto de me expressar através da escrita, não apenas como uma forma de comunicação e de compartilhar minhas ideias, mas também para expressar minha criatividade. Se você tem o trabalhador Capricórnio na quinta casa, achará difícil parar e relaxar. Em vez de ver o tempo livre como uma oportunidade de se divertir, você o verá como uma oportunidade para continuar trabalhando e realizando tarefas.

ELEMENTO
Fogo

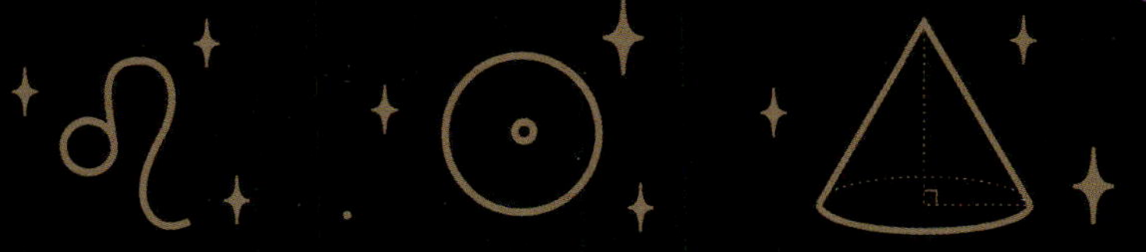

SIGNO DO ZODÍACO	PLANETA REGENTE	TIPO DE CASA
Leão	Sol	Sucedente

PALAVRAS-CHAVE
criatividade, autoexpressão, prazer, recreação, assuntos amorosos, sexo, filhos, jogos de azar, assumir riscos

6

SEXTA CASA

ELEMENTO
Terra

SIGNO DO ZODÍACO
Virgem

PLANETA REGENTE
Mercúrio

TIPO DE CASA
Cadente

PALAVRAS-CHAVE
saúde, alimentação, tarefas domésticas, rotina diária, eficiência, altruísmo, produtividade, trabalho em equipe, animais de estimação

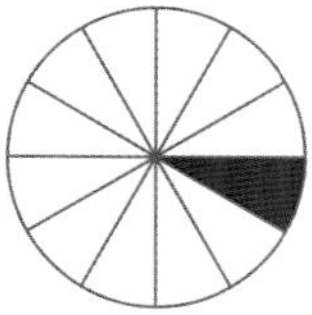

SEXTA *Casa*

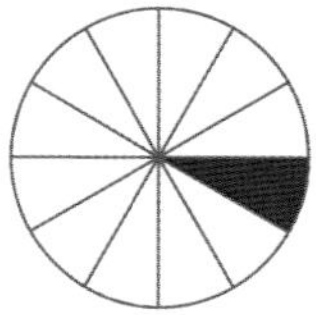

A sexta casa está associada à rotina diária, à vida cotidiana e ao modo como organizamos nossa vida no dia a dia. Muitas vezes chamada de "a casa do trabalho", ela revela o que nos motiva a trabalhar e o modo como trabalhamos, representando os métodos que usamos para realizar as coisas.

Graças ao seu signo regente, Virgem, esta casa está associada à nossa eficiência no trabalho, à nossa confiabilidade e produtividade, bem como ao nosso altruísmo. Por ter Mercúrio como planeta regente, esta casa também está relacionada à nossa capacidade de nos adaptarmos no trabalho, assim como ao nosso pensamento racional. A sexta casa também é conhecida como "a casa da saúde", pois rege todos os aspectos importantes para mantermos o bem-estar, como a alimentação, os exercícios físicos, o sono e até mesmo a higiene pessoal. Ela reflete a nossa vida diária, nossa rotina e nosso estado de saúde de forma mais holística, além de mostrar como cuidamos de nós mesmos. Ela representa nossos níveis de resistência e o estado do nosso corpo, conforme definido pela primeira casa, a casa do eu.

A sexta casa pode revelar os pontos fortes e fracos do nosso corpo e o modo como nossa saúde interior se reflete na nossa saúde exterior, o que tem uma ligação estreita com nossa relação com nosso próprio corpo. Aqueles que têm muitos planetas e signos na sexta casa, em geral, são pessoas que gostam de trabalhar, muitas vezes chegando ao ponto de serem viciados em trabalho. Eles não sabem quando parar, mesmo quando estão se sentindo exaustos. Os planetas e signos desta casa revelam como você trabalha com os outros, se prefere trabalhar sozinho ou fazendo parte de uma equipe. Aqueles que têm uma sexta casa ocupada também podem sentir a necessidade de ter uma vida organizada para se sentirem estáveis. Se você trabalhar em sintonia com os planetas e signos da sua sexta casa, isso fará que seu trabalho lhe pareça mais revitalizante, em vez de drenar a sua energia.

Mercúrio na sexta casa faz que você seja meticuloso e ambicioso. Você tem sede de conhecimento, tem uma atenção incrível aos detalhes e tende a trabalhar excessivamente. Se, assim como eu, você tem Câncer nesta casa, pode ter a tendência de se apegar emocionalmente ao seu trabalho. Você também adora a sua rotina de trabalho, pois ela lhe traz uma sensação de estabilidade; porém, você pode não saber lidar muito bem com o estresse, especialmente no ambiente de trabalho. Se você tem o dedicado Saturno na sexta casa, é provável que seja viciada em trabalho e tenha uma natureza confiável e pragmática.

7

SÉTIMA CASA

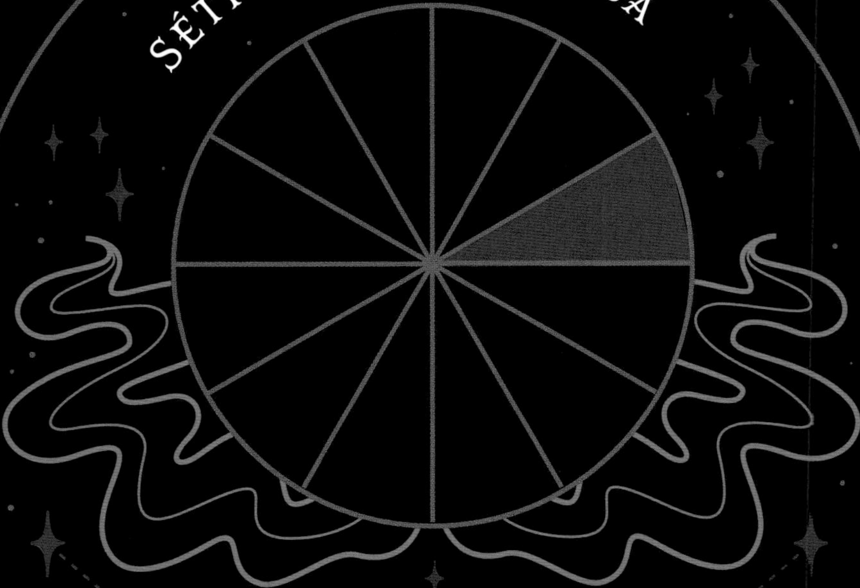

ELEMENTO
Ar

SIGNO DO ZODÍACO
Libra

PLANETA REGENTE
Vênus

TIPO DE CASA
Angular

PALAVRAS-CHAVE
relacionamentos, casamento, compromisso, parcerias, sociedades, contratos legais, inimigos declarados

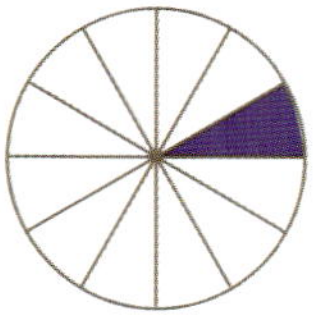

SÉTIMA *Casa*

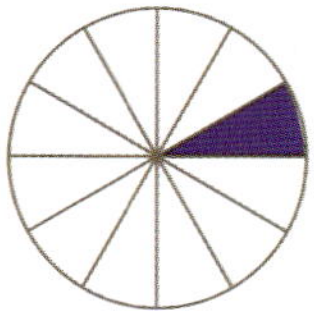

A sétima casa é conhecida como "a casa do Descendente", pois está exatamente do lado oposto da primeira casa, que é a casa do Ascendente. Ela marca uma mudança de foco em relação às seis casas anteriores, que são consideradas casas pessoais, por representarem questões relacionadas ao eu e à vida diária. As últimas seis casas são consideradas casas interpessoais, pois regem as experiências que temos com outras pessoas no mundo exterior.

Por ter Vênus como seu regente planetário, a sétima casa é muitas vezes chamada de "a casa do casamento ou da parceria". Ela representa os relacionamentos que temos com os outros (principalmente os românticos, mas também os platônicos). Com o signo de Libra como regente, a sétima casa também representa o modo como nos conectamos e nos relacionamos com as pessoas que encontramos. As interações que temos com os outros são um verdadeiro reflexo de quem somos, e é aqui que fortalecemos nosso senso de eu.

Saturno na sétima casa pode significar que você não entra em relacionamentos de forma impulsiva, mas avança com cautela; se adicionarmos Aquário, isso também pode significar que você tem dificuldade em se comprometer. A sétima casa pode revelar o que buscamos num parceiro e o que nos atrai tanto num nível consciente quanto no subconsciente. Mas esta casa não se limita apenas a relacionamentos positivos, também é a casa dos inimigos declarados. Todos os relacionamentos causam um impacto na nossa vida, mas há casos em que esse impacto é negativo. Isso pode acontecer porque projetamos nossos medos ou necessidades nas outras pessoas ou nos ressentimos por elas terem qualidades que desejamos, mas não possuímos. A sétima casa também está associada a sócios e contratos legais.

Se você tem o prático Virgem na sua sétima casa, é provável que procure um parceiro ou esteja com alguém que tenha os pés firmemente plantados na realidade. Sendo um signo de Terra, Virgem está relacionado à comunicação e à troca de ideias e pensamentos. Em seus relacionamentos, esse signo deseja um parceiro com conversas interessantes, que estimulem a sua mente. Se a Lua estiver na sua sétima casa, você pode descobrir que costuma se relacionar com pessoas que oferecem estabilidade emocional, embora isso possa acontecer de modo inconsciente.

OITAVA *Casa*

A oitava casa é provavelmente a casa mais difícil de se entender, porque representa temas profundos e muitas vezes tabus, como a morte, o sexo e os ensinamentos e conhecimentos ocultos. Ela está associada a coisas ocultas e particulares, e às vezes essas coisas estão escondidas até de nós mesmos. Compreender a oitava casa num nível mais profundo é aceitar que todo começo terá um fim, mas que, após esse fim, virá o renascimento.

Como Plutão é o planeta regente desta casa, é através do ciclo de nascimento-morte-renascimento que podemos aprender muito sobre a vida e sobre nós, mesmo que o processo seja emocionalmente desafiador. É por isso que esta casa representa a transformação, pois é através da experiência desse ciclo que ocorrem mudanças reais e expandimos a nossa consciência. Como a oitava casa representa a morte, ela também tem uma ligação com as heranças e com tudo o que é deixado por aqueles que amamos.

Sendo uma casa interpessoal, ela está relacionada basicamente aos nossos relacionamentos com os outros, embora num nível muito mais profundo quando comparados com os relacionamentos representados pela sétima casa. Esta casa também está relacionada ao lado confuso, bonito, doloroso e complexo de se estar apaixonado. Ela vai além de simplesmente compartilhar recursos, pois começamos a nos fundir com o outro. É por isso que a oitava casa é frequentemente chamada de "a casa do sexo", porque, com a influência de Escorpião, a fusão entre o casal não acontece apenas de forma prática e física, mas também intimamente, durante o sexo.

Quem tem Touro nesta casa é resistente à mudança e tradicional quando se trata de sexo e intimidade; mas você também é um parceiro leal. Aqueles com Sagitário na oitava casa são aventureiros quando se trata de intimidade. Marte na oitava casa pode tornar a pessoa sexualmente intensa e com uma forte natureza sexual. Saturno nessa posição do mapa pode indicar que a morte é realmente algo que você teme e, como o desapego é difícil para você, você resiste à transformação que ocorre no ciclo de nascimento-morte-renascimento.

Aqueles com mais de um ou dois planetas na oitava casa costumam ter personalidades intensas. Eles têm mais probabilidade de ser introvertidos, sérios e reservados, a menos que estejam falando sobre algo que os apaixone e interesse muito.

8
OITAVA CASA

ELEMENTO
Água

SIGNO ZODIACAL
Escorpião

PLANETA REGENTE
Plutão

TIPO DE CASA
Sucedente

PALAVRAS-CHAVE
sexo, morte, renascimento, transformação, intensidade, ocultismo, tabus, angústia mental, herança, dívida, recursos compartilhados, dinheiro de outras pessoas

NONA *Casa*

A nona casa é muitas vezes chamada de "a casa da filosofia e da educação". Ela rege a maneira como adquirimos conhecimento e informações, como os processamos e como os utilizamos para formar nossa filosofia de vida.

É nesta casa que nossa busca pelo sentido da vida começa e, com ela, surge um enorme potencial de crescimento pessoal. Graças à energia expansiva do planeta regente Júpiter, esta casa está associada ao ensino superior, como escrever e estudar para tirar um diploma universitário, e à expansão da nossa mente, como resultado. A educação de nível superior permite que você se especialize em sua área de estudo e explore essa área em maior profundidade, o que estimula o pensamento e a pesquisa independentes. Ela também nos dá oportunidade para formarmos nossas próprias ideias, opiniões e crenças, à medida que descobrimos o mundo ao nosso redor, e desenvolvemos nossa própria moral e ética. A educação realmente amplia nossos horizontes e expande nosso mundo, nos fazendo ver outras possibilidades enriquecedoras de aprendizado e crescimento.

A nona casa está relacionada à expansão do nosso mundo interior e exterior, e isso nos abre para aspectos espirituais e religiosos da vida também. Nossa espiritualidade ajuda a formar nossas perspectivas da vida, pois tem um efeito direto sobre o que acreditamos e como pensamos e vemos o mundo. Esta casa também está relacionada a viagens internacionais e à descoberta de diferentes culturas que, assim como o ensino superior, podem nos ensinar mais sobre o mundo e sobre nós mesmos.

A nona casa representa nossa visão de mundo e nossas atitudes e, pelo fato de ser regida pelo signo de Sagitário, mostra que o pensamento livre abre e expande a nossa mente. Se você tem uma nona casa movimentada, isso pode indicar um pendor para o aprendizado, mas também para ensinar os outros. Ela pode revelar qual caminho religioso ou espiritual seguimos e como nossa vida é moldada por ele, além de mostrar uma preferência por viajar e conhecer lugares distantes.

Se, assim como eu, você tem Escorpião na nona casa, pode ser atraído pelo ensino superior e pela pesquisa de outros sistemas de crenças; você quer saber tudo sobre os mistérios da vida. Aquário tende a ter crenças não convencionais e, por ser um signo de Água, Peixes usa sua forte intuição para explorar e descobrir o mundo ao seu redor. A presença de Plutão nesta casa significa que você deseja estudar, mas muitas vezes se coloca sob muita pressão, esforçando-se para atingir a perfeição no plano intelectual.

9
NONA CASA

ELEMENTO
Fogo

SIGNO ZODIACAL
Sagitário

PLANETA REGENTE
Júpiter

TIPO DE CASA
Cadente

PALAVRAS-CHAVE
ensino superior, educação superior, expansão, viagens, filosofia, espiritualidade, religião, misticismo, moral, ética, viagens de longa distância

DÉCIMA *Casa*

A décima casa, também chamada de "Meio do Céu", nos mostra que tipo de carreira você provavelmente seguirá e a direção que sua vida está tomando. Esse é o ponto mais alto do seu mapa astral e representa o seu caminho na vida. A partir desse ponto de vista, tudo é visível, especialmente o tipo de *status* social que você tem, sua reputação, como os outros a veem e qual papel desempenha na comunidade. A décima casa também rege nossa motivação e ambição, à medida que buscamos o sucesso. Ela representa tudo o que afeta o modo como você é vista na esfera pública.

A décima casa vai muito além das nossas aspirações de carreira; ela também está conectada à nossa vocação, que nos leva a nos sentir profundamente atraídos por uma determinada profissão. Se analisarmos esta casa, veremos as qualidades que possuímos e que, com o tempo e esforço, se desenvolverão e crescerão para nos ajudar a cumprir nossa vocação. Ela pode nos ajudar a entender qual o nosso chamado na vida e o que precisamos fazer para atendê-lo. Capricórnio, signo de Terra regente desta casa, destaca a necessidade de trabalharmos com afinco para alcançar nossos objetivos. Se você não sabe qual carreira seguir ou se ainda está procurando sua vocação na vida, observe os planetas e signos da sua décima casa, pois eles lhe darão algumas respostas.

O planeta regente Saturno traz um senso de autoridade, o que significa que a décima casa representa pessoas em posições de poder em nossa vida. Isso inclui nossos pais, porque eles foram as primeiras pessoas a nos dizer o que fazer e como nos comportar. Aqueles que têm uma décima casa movimentada tendem a ser muito focados em sua carreira e vocação. Eles sabem exatamente onde querem chegar e quem querem ser, e trabalham arduamente para chegar lá. Você também pode ser uma figura conhecida em sua comunidade.

Se o seu signo solar está nesta casa, isso indica que você é uma pessoa muito ambiciosa, especialmente no que se refere à sua carreira. Você é confiante no que faz, às vezes ao ponto de se exibir, mas tem a energia necessária para fazer as coisas acontecerem por causa do seu caráter dominante e forte. Se Áries estiver na sua décima casa, você tem um desejo real de se dedicar à sua carreira, mas, se Escorpião estiver nesta casa, você pode ser obsessivo na sua busca por alcançar suas metas, devido à sua natureza altamente motivada.

10 DÉCIMA CASA

ELEMENTO
Terra

SIGNO DO ZODÍACO
Capricórnio

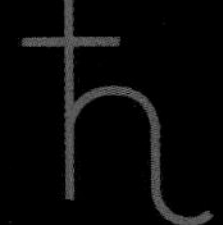

PLANETA REGENTE
Saturno

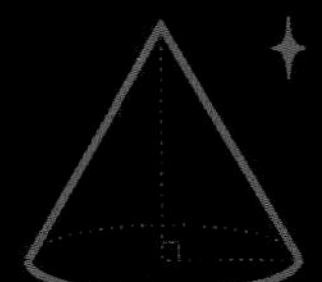

TIPO DE CASA
Angular

PALAVRAS-CHAVE
ambições, aspirações, perfil público, carreira, *status* social, vocação, ambiente exterior, autoridade, reconhecimento, responsabilidades

11
DÉCIMA PRIMEIRA CASA

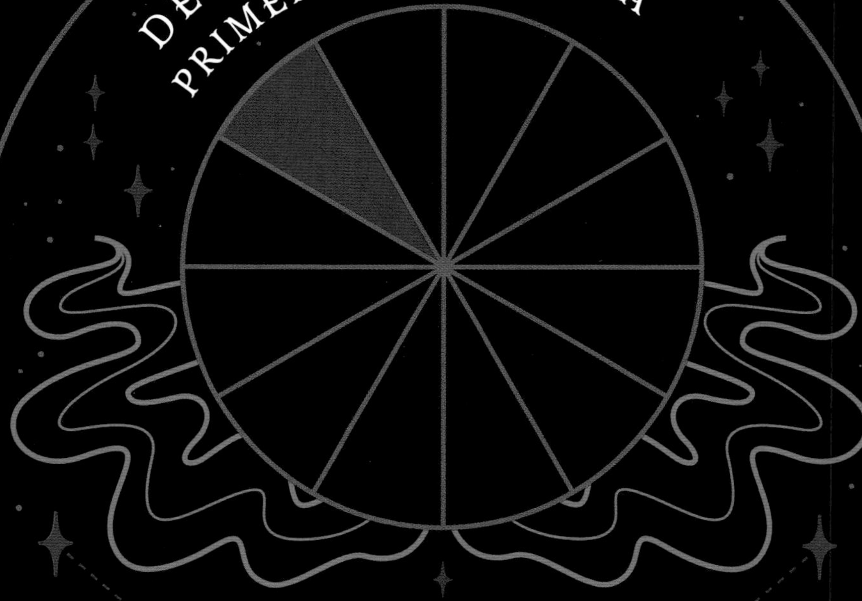

ELEMENTO
Ar

SIGNO DO ZODÍACO
Aquário

PLANETA REGENTE
Urano

TIPO DE CASA
Sucedente

PALAVRAS-CHAVE
grupos sociais, amigos, atividades em grupo, sociedade, ativismo, organizações, associações, esperanças, desejos, pertencimento

DÉCIMA PRIMEIRA *Casa*

A décima primeira casa representa a maneira como interagimos com outras pessoas no mundo, especialmente por meio de amizades, colegas de trabalho, atividades em grupo e outras estruturas coletivas organizadas da sociedade. Esta casa rege aquilo que temos em comum com as outras pessoas.

Regida por Aquário, a décima primeira casa também representa agrupamentos coletivos de pessoas num sentido mais amplo, como aqueles baseados no lugar onde você mora, na escola que frequentou ou no local onde nasceu. Seu planeta regente, Urano, nos ajuda a transcender nossa existência terrena e abrir nossa mente, o que significa que congregações religiosas estão sob a regência desta casa, pois reúnem pessoas de todos os estilos de vida com base em crenças e rituais compartilhados. A décima primeira casa é basicamente sobre nossa busca por um sentimento de pertencimento; ela pode nos dar uma visão de como nos encaixamos nos grupos de pessoas da nossa vida.

Esta casa representa nossas esperanças e desejos para o futuro. É sobre a energia que projetamos no tempo à nossa frente para alcançar as coisas que desejamos agora. Trata-se do equilíbrio que devemos encontrar entre viver no futuro e viver no presente. O futuro que esperamos começa com o trabalho que fazemos hoje, portanto, se passarmos mais tempo vivendo no passado, poderemos comprometer o modo como projetamos nossa consciência para concretizar essas esperanças e desejos.

Os signos e os planetas presentes na sua décima primeira casa podem revelar com quais grupos você se sente mais sintonizado e à vontade; também podem destacar como você se integra a esses grupos de pessoas. Aqueles com poucos planetas na décima primeira casa podem encontrar dificuldades para se encaixar em grupos sociais e organizações, especialmente aqueles compostos de muitas pessoas. Uma décima primeira casa movimentada indica que você se encaixa facilmente em grupos e até pode desempenhar um papel importante dentro deles.

Se a Lua estiver nesta parte do seu mapa astral, isso mostra que é muito importante para você ter um grupo de amigos. Você precisa sentir que pertence a um grupo para ter uma sensação de estabilidade, e muitas vezes espera dos amigos apoio emocional. Eu tenho Sagitário na minha décima primeira casa, o que reflete que eu me sinto atraída por amigos de mente aberta e com uma variedade de opiniões diferentes. Aquário nesta casa pode sugerir que você deseja e precisa de liberdade no seu círculo de amizades. Você se sente mais confortável se relacionando com as pessoas de maneiras mais impessoais.

DÉCIMA SEGUNDA *Casa*

A décima segunda casa é a última do zodíaco e, como tal, representa os términos. Esta casa é conhecida como "a casa dos segredos", pois rege o que não tem forma física e está oculto à primeira vista, como domínios invisíveis, segredos e a mente inconsciente.

Regida por Peixes e pelo planeta Netuno, a décima segunda casa simboliza tudo o que nos leva da nossa vida cotidiana e mundana para outro reino. Isso inclui sonhos, a intuição e os instintos; até mesmo habilidades psíquicas e dons como a clarividência estão sob a regência da décima segunda casa. Rituais religiosos e cerimônias também estão relacionados a esta casa, pois ajudam a focar nossa consciência no mistério do divino por meio das nossas orações.

A décima segunda casa também rege nossa autodestruição. Todos somos responsáveis por fazer coisas que, de forma subconsciente, sabotam quem somos. Essa é a outra face da décima segunda casa; ela está associada ao sofrimento e à tristeza que causamos a nós mesmos. Representa também os inimigos que podemos ter e que são desconhecidos e invisíveis aos nossos olhos. O karma também encontra abrigo na décima segunda casa, assim como nossas vidas e experiências passadas e as lições que precisamos aprender nesta vida. A décima segunda casa não é uma casa fácil; para vivenciar suas energias plenamente, ela nos pede para nos rendermos ao que é maior do que nós, porque ela está além do nosso controle.

Aqueles que não têm planetas na décima segunda casa do eu mapa muitas vezes acham difícil entender essa casa devido à sua natureza misteriosa e etérea. Por outro lado, aqueles com uma décima segunda casa movimentada podem encontrar mais facilidade em se conectar com reinos desconhecidos e invisíveis, e podem ser altamente intuitivos e mostrar habilidades psíquicas naturais. Para aqueles com um planeta pessoal nesta casa (Sol, Lua, Mercúrio, Vênus e Marte), existe uma boa chance de se sentirem frequentemente incompreendidos pelas pessoas ao seu redor.

Se, assim como eu, você tem Capricórnio na décima segunda casa, pode ser uma pessoa ambiciosa e trabalhadora; Escorpião nesta casa pode fazer de você uma pessoa reservada e capaz de esconder seus verdadeiros sentimentos com facilidade. Ter Júpiter na décima segunda casa provavelmente é uma das melhores posições planetárias, pois se acredita que você é protegido por sua energia invisível e que esse planeta traz sorte e boa fortuna. Pelo fato de esta casa estar associada ao karma e às vidas passadas, ter Netuno nessa área do seu mapa pode significar que você carregou os medos das suas vidas passadas para a vida atual.

12

DÉCIMA SEGUNDA CASA

ELEMENTO
Água

SIGNO DO ZODÍACO
Peixes

PLANETA REGENTE
Netuno

TIPO DE CASA
Cadente

PALAVRAS-CHAVE
karma, reclusão, segredos, reinos ocultos, subconsciente, inconsciente, autossabotagem, sofrimento, escapismo, intuição, fé, divindade, desfechos, vidas passadas

1\.
O que as casas vazias do meu mapa astral podem revelar?

2\.
Que lições elas mostram que aprendi em vidas passadas?

3\.
Como posso usar essas lições na minha vida agora?

4\.
Que dons e habilidades ocultas elas revelam?

5\.
Como elas revelam meus pontos fortes?

6\.
O que as casas ocupadas mostram o que será importante nesta vida?

Casas *Vazias*

Não há motivo para temer uma casa vazia! Casas vazias não são apenas possíveis, mas também bastante comuns. Falamos que uma casa está vazia quando ela não contém corpos celestes, como planetas.

Todos nós temos todos os planetas representados em algum lugar do nosso mapa, mas, como existem dez planetas e doze casas astrológicas, todas as pessoas têm pelo menos duas casas sem planetas. Os doze signos astrológicos também não estão necessariamente distribuídos de forma igual entre as doze casas. Você pode ter receio de que não viverá nenhuma experiência nas áreas da vida representadas pelas casas que estão vazias no seu mapa, mas isso está longe de ser verdade.

Uma casa vazia não significa que você não vivenciará as áreas da vida que essa casa representa; muitas vezes ela é só um sinal de que os assuntos representados por essa casa não serão seu foco principal nesta vida. Por exemplo, uma sétima casa vazia não significa que você nunca se casará nem terá um relacionamento duradouro, mas pode indicar que o casamento não é uma das experiências centrais de que sua alma precisa para crescer nesta encarnação.

As casas com um ou mais planetas podem mostrar quais áreas da sua vida serão mais importantes para a jornada da sua alma e, como tal, serão sentidas com mais intensidade durante esta vida. Quanto às casas vazias, você pode analisar os signos a que elas pertencem para obter uma compreensão melhor de como os temas dessa área do mapa afetarão a sua vida.

As casas vazias, portanto, não devem ser ignoradas, pois elas são tão importantes quanto as casas ocupadas por corpos celestes. Elas podem destacar as áreas da vida que você considera menos desafiadoras, porque já se desenvolveu significativamente nessas áreas ao longo das suas encarnações passadas. Dessa perspectiva, as casas vazias são um ótimo recurso para revelar dons e habilidades ocultas, assim como pontos fortes que você desenvolveu em vidas passadas. A astrologia é um caminho de autodescoberta e a análise das casas vazias do seu mapa faz parte desse processo. Se você tem uma ou mais casas vazias no seu mapa, a tiragem de tarô à esquerda é para você. Ela a ajudará a entender melhor o que as casas vazias do seu mapa significam, quais dons e pontos fortes elas podem revelar e como você pode usá-los nesta vida.

ANGULARES

1. Qual impacto a energia dessas casas exerce na minha vida?

2. Como posso me conectar com a energia dinâmica dessas casas?

3. Como posso usar essa energia para causar mudanças positivas?

SUCEDENTES

1. Como as casas sucedentes afetam a minha vida?

2. Em que área da minha vida eu preciso de estabilidade?

3. Como posso dar mais estabilidade e constância à minha vida?

CADENTES

1. Como a energia das casas cadentes do meu mapa afeta a minha vida?

2. Como essas casas afetam a minha vida interior?

3. Como a energia cadente afeta os relacionamentos da minha vida?

CASAS ANGULARES, *Cadentes e Sucedentes*

As doze casas astrológicas se dividem em três categorias principais: angulares, sucedentes e cadentes. Vamos analisar cada uma delas com mais detalhes.

Casas Angulares

Em todos os mapas astrais, as casas angulares são a primeira casa (Ascendente), a quarta casa (*Imum Coeli*), a sétima casa (Descendente) e a décima casa (Meio do Céu). Essas são as casas que exercem a maior influência sobre o seu mapa, pois estão associadas a energias autoativadoras, que podem ter um grande efeito na estrutura da sua vida. Elas representam as áreas da vida relacionadas à identidade, aos relacionamentos e à família e correspondem aos signos de Áries, Câncer, Libra e Capricórnio, todos eles signos cardinais. As casas angulares têm uma energia dinâmica e voltada para a ação, por isso os planetas que ocupam essas casas são considerados os mais influentes do mapa, revelando de onde vêm suas paixões e o que impulsiona você na vida.

Casas Sucedentes

As casas sucedentes são a segunda, a quinta, a oitava e a décima primeira, regidas pelos signos de Touro, Leão, Escorpião e Aquário (todos eles signos fixos), respectivamente. As casas sucedentes estão associadas à estabilidade e representam recursos materiais. É nessas casas que você pode ver os resultados do que foi iniciado nas casas angulares. Elas representam as áreas da sua vida em que você precisa de estabilidade e constância, como no amor, na amizade e na criação dos filhos. Essas casas apresentam uma energia constante e imutável, que não é tão poderosa quanto a energia das casas angulares. Quaisquer planetas posicionados nessas casas mostram o que é importante para você e podem representar seus desejos.

Casas Cadentes

As casas cadentes são a terceira, a sexta, a nona e a décima segunda casas, regidas pelos signos de Gêmeos, Virgem, Sagitário e Peixes (todos eles signos mutáveis), respectivamente. Quaisquer planetas ou signos que ocupem as casas cadentes têm um impacto menos poderoso em sua vida, mas isso não significa que não exerçam nenhuma influência. O maior impacto das casas cadentes ocorre no seu mundo interior, mas elas influenciam a interação humana e a troca de energia, como seu relacionamento com os irmãos (se você tiver algum), seu senso de dever e compromisso e podem revelar informações sobre a sua vocação.

CONJUNÇÃO
SEXTIL
SEXTIL
QUADRATURA
QUADRATURA
TRÍGONO
TRÍGONO
OPOSIÇÃO

6
ASPECTOS

Quando interpreta um mapa astral, você não observa apenas a posição e a disposição dos corpos celestes nas doze casas astrológicas no momento do seu nascimento, mas também como eles se relacionam e influenciam uns aos outros. Para fazer isso, você precisa levar em conta os aspectos astrológicos, ou seja, os padrões geométricos que os ângulos entre os planetas formam entre si. Esses aspectos ajudam você a compreender as formas complexas pelas quais os corpos celestes do seu mapa interagem e como eles afetam a sua vida.

Seu mapa astral é uma visão de 360 graus do céu, no exato momento em que você nasceu. Como mostra a ilustração da página ao lado, ele é dividido em doze casas astrológicas, cada uma delas ocupando 30 graus do mapa. Os planetas do seu mapa têm suas próprias coordenadas, usadas para especificar a localização dos planetas nas casas. Essas coordenadas geralmente se compõem do grau da casa, seguido dos minutos, que são as divisões de cada grau. Os aspectos comparam a posição exata de um planeta, a casa e o signo em que ele está, com a de outro planeta. Eles ajudam você a entender como as energias planetárias e do zodíaco de fato se manifestam na sua vida. Os corpos celestes do seu mapa não atuam isoladamente. Alguns têm energias dominantes que podem afetar a forma como a energia dos planetas próximos se expressa. Outros podem complementar a energia dos demais ou entrar em conflito com ela. Alguns, ainda, têm energias mais sutis, mas, quando combinados com outro planeta, essas energias são amplificadas.

Os aspectos são divididos em duas categorias: maiores e menores. Neste capítulo, vamos explicar como ambos os tipos podem ajudar você a interpretar seu mapa astral. Também analisaremos o significado de alguns dos principais aspectos e como eles podem lhe proporcionar uma compreensão mais profunda do seu mapa astral.

ASPECTOS *Maiores*

Conjunção

Na astrologia, a conjunção ocorre quando dois ou mais corpos celestes parecem estar no mesmo lugar do céu ou do mapa astral, às vezes a 0 grau de distância e quase sempre no mesmo signo do zodíaco. No entanto, se esses planetas não estiverem perfeitamente alinhados, é possível que estejam posicionados em dois signos do zodíaco adjacentes. Na conjunção, as qualidades dos planetas envolvidos se combinam e cria uma energia intensa e poderosa. Se os planetas em conjunção funcionam bem juntos, existe um potencial para o crescimento, mas, se as energias dos planetas forem incompatíveis, a conjunção pode representar um ponto de estresse em sua vida. O signo e a casa em que os planetas estão ajudarão você a entender mais sobre a conjunção e como ela pode se manifestar na sua vida.

Sextil

O sextil ocorre quando dois planetas (ou outros corpos celestes) estão a 60 graus um do outro, ou seja, a dois signos de distância. Considerado um aspecto positivo, o sextil ocorre entre planetas que estão em signos com a mesma energia masculina ou feminina: Terra e Água (feminino, Yin) e Fogo e Ar (masculino, Yang). Esses planetas atuam bem juntos porque os signos em que estão compartilham energias semelhantes. Suas energias podem estimular e inspirar, portanto, o sextil pode indicar talentos e habilidades latentes, mas que só podem ser acessados se houver um certo empenho. Para saber mais sobre a área da vida que esse aspecto influencia, observe a casa em que ele ocorre. O sextil indica que as coisas não serão entregues a você de bandeja, pois esse é um aspecto passivo, não ativo, mas, embora não traga energias dinâmicas, também não causa nenhuma perturbação.

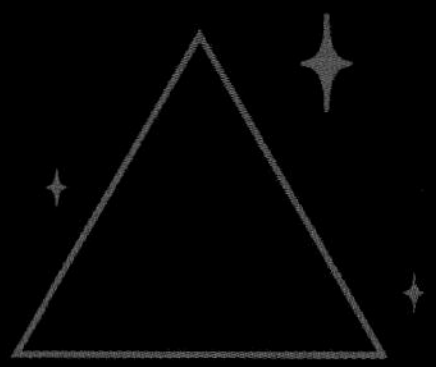

Trígono

O trígono ocorre entre dois planetas que estão a 120 graus de distância um do outro. Os planetas que formam esse aspecto compartilham o mesmo elemento, portanto, há uma conexão fácil e uma relação suave entre eles, e o fluxo de energia é tranquilo e sem dramas. Às vezes, o trígono pode gerar uma energia tão confortável que ela pode passar despercebida. Mas, se estivermos num ambiente que não nos desafia ou motiva a crescer, há potencial para a preguiça e a complacência. Se você tem um trígono em seu mapa, observe a casa e o signo em que ele ocorre, pois essa é a área da sua vida que ele exercerá impacto. O Sol, Mercúrio e Vênus nunca formarão um trígono entre si, pois nunca estão a 120 graus de distância um do outro.

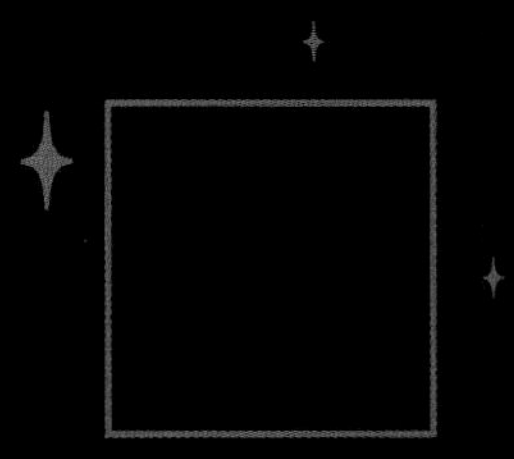

Quadratura

A quadratura ocorre quando dois planetas estão a três signos de distância um do outro, ou seja, separados por cerca de 90 graus. Ao contrário do sextil e do trígono, esse é um aspecto intenso e dinâmico que desafia você a focar nas questões que os planetas envolvidos representam. A quadratura sempre ocorre entre planetas cujos signos compartilham a mesma polaridade, o que torna esse aspecto desconfortável e pouco harmônico. Dois planetas em quadratura podem causar estresse, visto que podem intensificar e destacar o pior um do outro. A quadratura indica obstáculos ou bloqueios na área da vida representada pelo signo e a casa em que se encontra. Se você possui uma quadratura em seu mapa, saiba que ela está direcionando sua atenção para as áreas da sua vida em que há conflitos e desafios. Esse aspecto também mostra onde é necessário equilíbrio e o que você precisa fazer para criar mais harmonia nessas áreas da sua vida.

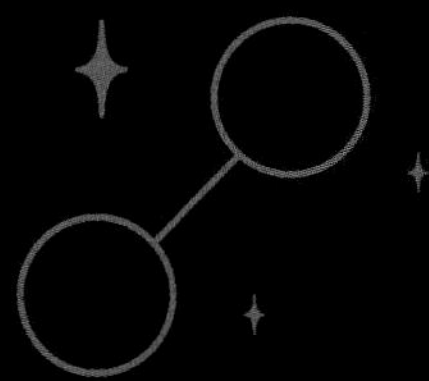

Oposição

A oposição ocorre quando dois ou mais planetas estão a 180 graus de distância, ou seja, ocupando lugares opostos do seu mapa astral. Esse aspecto representa dualidade, pois as questões representadas por cada planeta parecem se contrapor, criando estresse, tensão e sentimentos de indecisão. Se você tiver planetas em oposição, eles mostram as áreas da vida em que ambos os lados precisam ser reconhecidos e ouvidos. Os planetas irão encontrar uma forma de cooperar um com o outro, fazendo concessões para encontrar um ponto de equilíbrio, ou um planeta irá sobrepujar o outro. É comum, na oposição, que um lado acabe se sobrepujando, em detrimento do outro.

ASPECTOS *Menores*

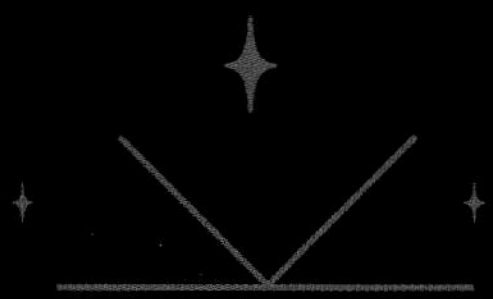

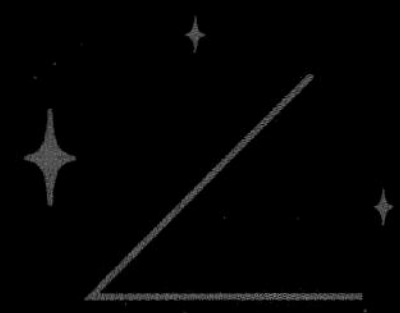

Semissextil

O semissextil ocorre quando dois planetas estão a 30 graus e um signo de distância, que é justamente a metade da distância de um sextil. Esse aspecto se forma entre dois planetas que não compartilham traços em comum, por isso ele pode ser desconfortável devido ao atrito criado entre os dois planetas diferentes. O mais interessante é que não vivenciamos esse aspecto diretamente, através de nós mesmos, como acontece com os aspectos maiores, mas por meio do comportamento das pessoas à nossa volta. O semissextil pode chamar sua atenção para as áreas da sua vida em que existem oportunidades que de outra forma passariam despercebidas e seriam ignoradas. Observe em quais casas e signos os planetas em semissextil estão, pois isso a ajudará a compreender o tipo de possibilidades que ele pode trazer. Esse é um aspecto menor muito suave, a ponto de poder passar despercebido.

Semiquadratura

A semiquadratura ocorre quando dois planetas estão a 45 graus de distância. Ela mostra onde existem bloqueios e tensão na nossa vida e onde existe a necessidade de libertação. Se você tem uma semiquadratura em seu mapa astral, isso pode revelar que existem pontos de inflexibilidade e que você precisa se abrir para outros caminhos e ideias. Esse é um aspecto de dificuldade moderada, que pode gerar sentimentos de dúvida e frustração, mas também pode ser usado como um meio de desenvolvimento pessoal. Observe as casas e os signos dos planetas que formam esse aspecto menor, pois isso lhe dirá que área da sua vida a semiquadratura afeta e como você pode remover os bloqueios. Esse aspecto tem um efeito semelhante ao da quadratura, mas é ligeiramente mais fraco.

Quintil

O quintil ocorre quando dois planetas estão a 72 graus de distância, que corresponde a um quinto do mapa (chega-se a esse número dividindo-se os 360 graus do mapa por 5). O quintil representa talento, criatividade e até mesmo uma genialidade rara, porque ele tem uma energia muito especializada e poderosa que pode dar origem a algo único. Esse aspecto pode revelar talentos ocultos! Se você tem um quintil no seu mapa, analise a casa e o signo em que os planetas estão para saber que área da sua vida esse aspecto menor vai afetar e como.

Sesquiquadratura

A sesquiquadratura é um aspecto desafiador que ocorre quando os planetas estão a 135 graus de distância. Sua energia é de obstinação, o que causa atrito na área da sua vida representada pela casa e pelo signo em que os planetas se encontram. Os planetas desse aspecto estão em signos de natureza diferente, por isso a perspectiva diferente que eles têm dos problemas e desafios pode causar discordância. Eles têm dificuldade em entender um ao outro. A sesquiquadratura tem natureza semelhante à quadratura e à semiquadratura, e pode causar um conflito interior capaz de gerar dificuldades na vida em longo prazo.

Biquintil

O biquintil é um raro aspecto menor que se forma quando dois planetas estão a 144 graus um do outro, o que corresponde a dois quintos do mapa astral de 360 graus. O biquintil representa talento e criatividade, mas também potencial, especialmente relacionado à mente. Esse aspecto tem um efeito semelhante ao quintil, porém um pouco mais fraco, e pode levá-lo a descobrir talentos e potenciais não utilizados.

Quincunce (ou Inconjunção)

O quincunce liga planetas que estão a 150 graus de distância e que não têm absolutamente nada em comum entre si; seu elemento, signo e modalidade são diferentes. Até que se encontre uma forma de integrar de alguma maneira essas energias, esse aspecto causa tensão, irritação e estresse. Ele traz desafios, mas pode criar uma oportunidade de crescimento, destacando uma questão em que mudanças e ajustes são necessários.

Os Padrões *dos Aspectos*

A GRANDE CRUZ

Quando ocorrem aspectos no seu mapa astral, eles formam padrões muito visíveis e fáceis de identificar. Esses padrões podem revelar particularidades do seu mapa que ajudam você a entender melhor a si mesma. Em geral, eles envolvem três ou mais planetas ligados por aspectos específicos e que dão origem a uma forma geométrica ampla no seu mapa. O padrão da grande cruz é criado por duas oposições e quatro quadraturas. Isso é raro e pode ser desconfortável, porque gera uma intensa energia de tensão, frustração e impedimento. Mas a presença desse padrão também significa potencial e a chance de atingir objetivos, embora não de maneira necessariamente fácil. O único caminho para o sucesso é o trabalho árduo e constante executado por um longo período de tempo; porém, quem consegue canalizar a energia da grande cruz pode receber o impulso e o poder necessários para superar a tensão que esse padrão produz.

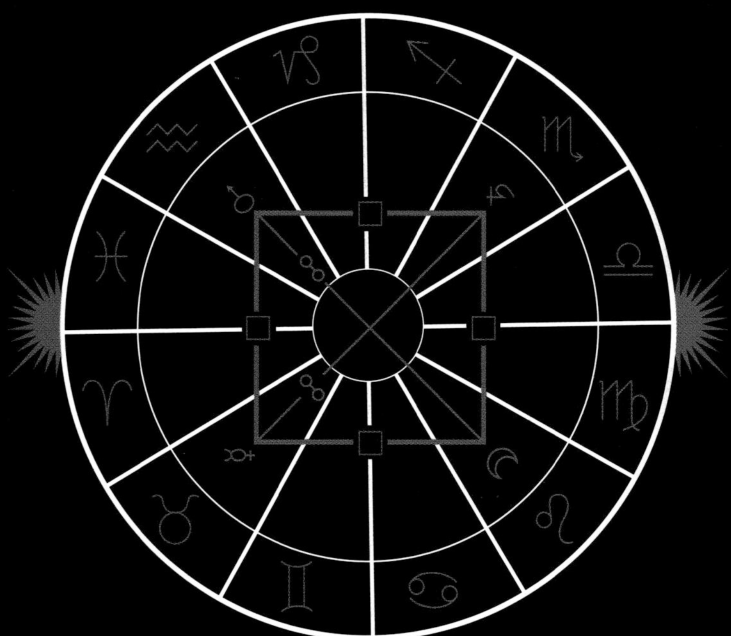

O *STELLIUM*

O *stellium* (também chamado de *satellitium* em livros mais antigos de astrologia) ocorre quando três ou mais planetas formam (ou quase formam) uma conjunção, geralmente no mesmo signo do zodíaco. É possível ter mais de um *stellium* em diferentes signos do mapa, embora isso seja raro. Se considerarmos a Lua ou o Sol nos agrupamentos planetários, então o número de planetas necessários para formar o *stellium* aumenta para quatro. Quando você tem um *stellium* em seu mapa, é possível ver um pequeno grupo de planetas próximos uns dos outros, formando um padrão. Consequentemente, as energias desses corpos celestes se unem e se fundem numa só. O modo como isso se manifesta na sua vida depende do signo e da casa em que os planetas do *stellium* estão posicionados. Esse padrão é energeticamente poderoso e as características dos planetas envolvidos exercem uma influência significativa em sua vida. Se você tem esse padrão no seu mapa, saiba que ele pode ajudá-la a compreender a essência da sua personalidade. Se você tem dificuldade para se identificar com seu signo solar, há uma boa chance de que se identifique mais com o signo em que se encontra o *stellium*. Examine-o a fundo e pesquise sobre ele, pois esse padrão pode ressoar mais com quem você é.

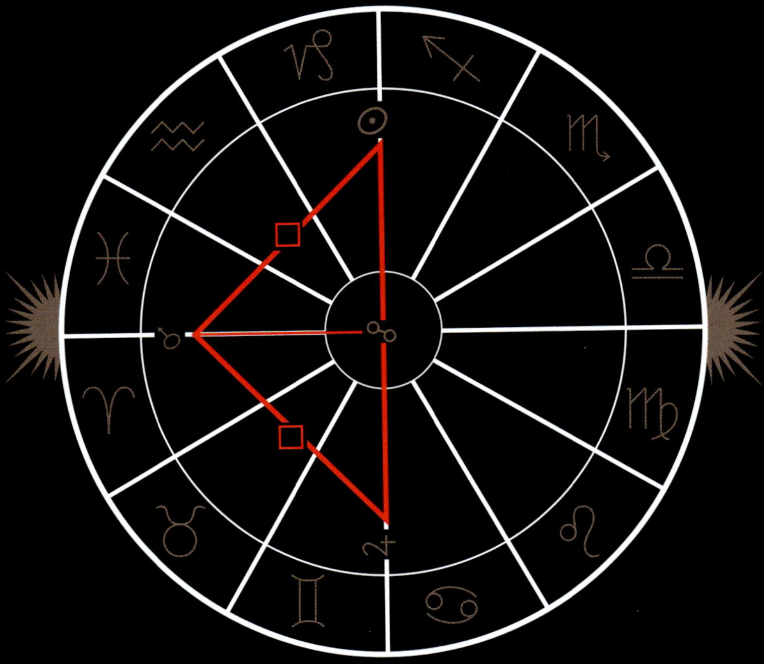

QUADRATURA EM T

O padrão da quadratura em T se forma quando dois planetas em oposição (180 graus de distância) formam uma quadratura (90 graus) com um terceiro planeta. O terceiro ponto (o ápice) é o ponto mais importante deste padrão, pois ele forma um ponto intermediário entre os planetas em oposição, que atua como uma tentativa de uni-los. Ao analisar um mapa astral, observe em que casas e signos os planetas da quadratura em T estão posicionados. Esses planetas não têm nada em comum, por isso essa configuração é considerada um aspecto "difícil", que gera estresse e bloqueios de forma semelhante ao padrão da grande cruz. Embora a quadratura em T tenha aspectos negativos, ela também pode propiciar coisas positivas, como servir como motivação para você se concentrar nos bloqueios que surgirem na sua vida e encontrar uma forma de removê-los.

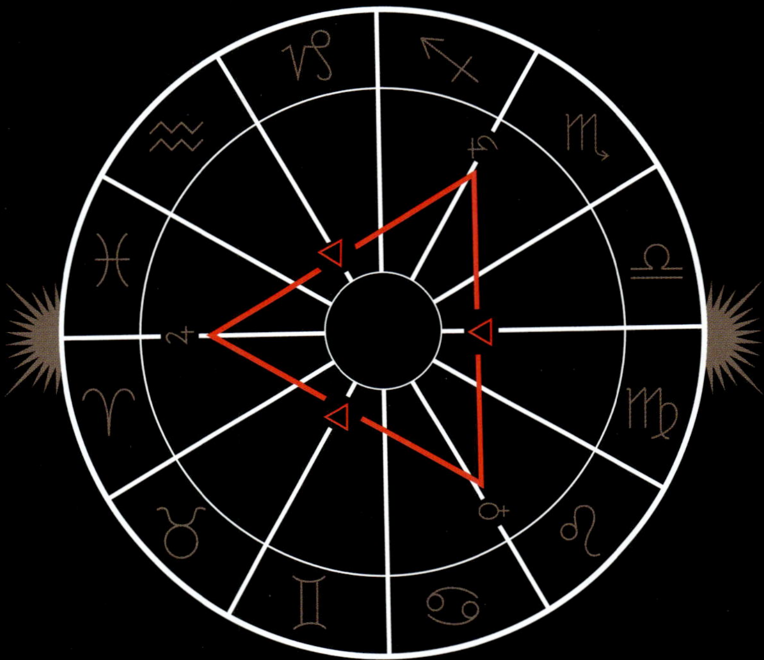

O GRANDE TRÍGONO

O grande trígono ocorre quando três ou mais planetas estão à mesma distância um do outro, formando um triângulo equilátero. Esse padrão é considerado um aspecto "suave", porque representa uma energia proveitosa e construtiva, que não gera atrito ou tensão. O grande trígono é considerado um presente do universo, portanto, se você tiver um grande trígono em seu mapa astral, saiba que ele lhe trará sorte e oportunidades, devido à interação fácil entre os planetas que o compõem. O grande trígono cria um fluxo harmonioso de energia que aumenta a visão e intuição, fortalece a confiança e cria uma sensação de esperança e otimismo. O grande trígono tem uma energia mais forte quando os planetas da configuração estão em signos do mesmo elemento.

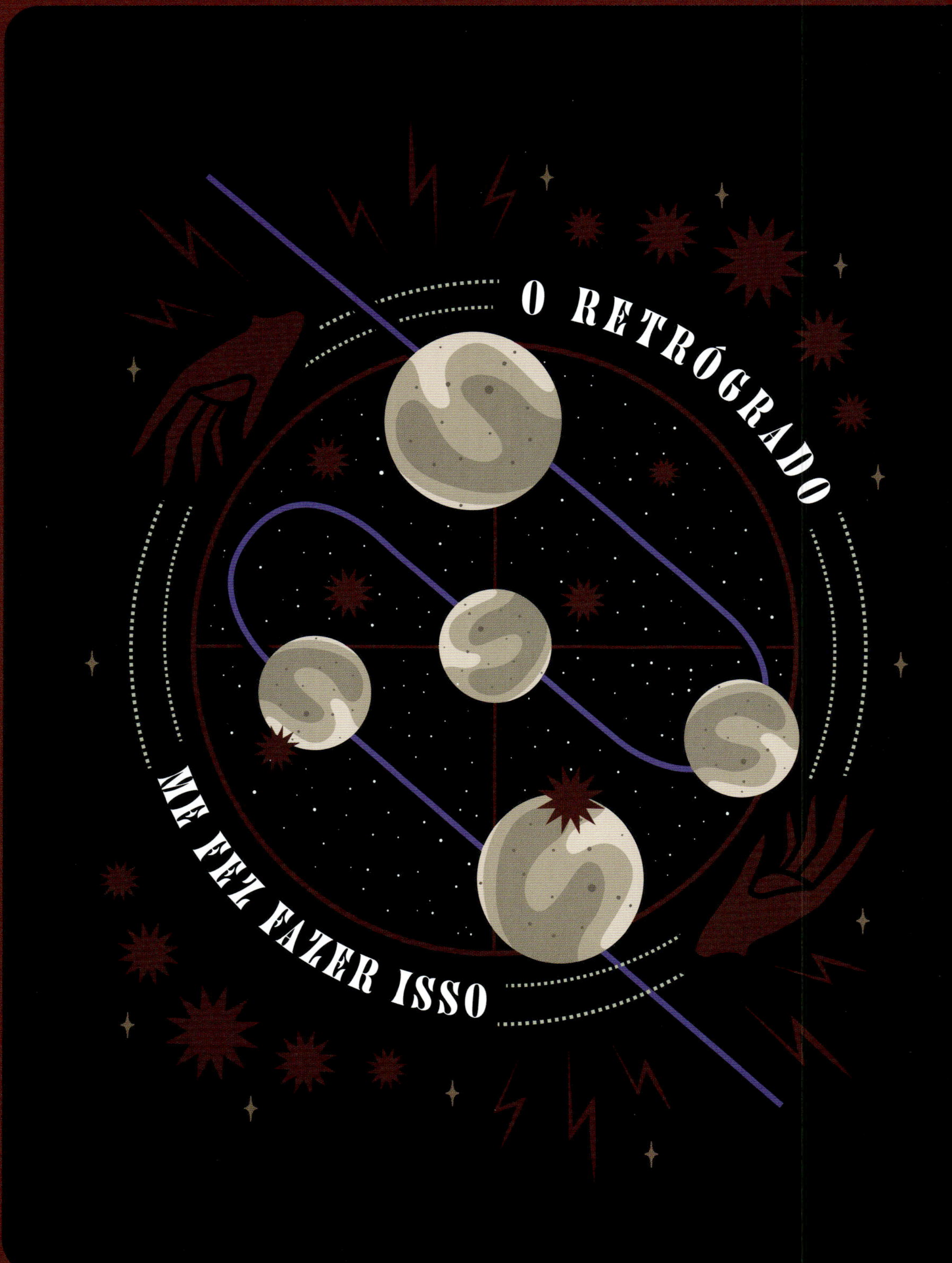
O RETRÓGRADO
ME FEZ FAZER ISSO

7

PLANETAS RETRÓGRADOS

Provavelmente todos nós já ouvimos falar no termo "retrógrado", uma palavra muito comum nas redes sociais nos últimos anos. Essa palavra vem do latim *retrogradus*, que significa "passo para trás". O planeta está retrógrado quando ele parece parar e depois se mover para trás no céu, do nosso ponto de vista de quem está Terra. Trata-se, no entanto, de uma ilusão de ótica, pois os planetas na verdade não se movem para trás. O aparente movimento retrógrado acontece quando a Terra, em sua órbita, ultrapassa a órbita de outro planeta. Do nosso ponto de vista da Terra, esse planeta parece seguir um caminho retrógrado no céu.

Esse movimento planetário ganhou uma reputação bem negativa, principalmente (e injustamente) quando se trata de Mercúrio retrógrado (vamos falar mais sobre isso na seção seguinte deste capítulo). Todos os nove planetas passam por um período de movimento retrógrado, embora sua frequência e duração variem de planeta para planeta. Você pode até descobrir que alguns planetas estavam retrógrados no momento do seu nascimento.

Neste capítulo, vamos analisar o movimento retrógrado de todos os planetas do sistema solar e qual o efeito que ele pode causar na sua vida, quando está presente no seu mapa astral. Também veremos como equilibrar e trabalhar as energias dos planetas retrógrados. Esse movimento celeste não é sinônimo de caos e catástrofe; ele pode trazer muitas oportunidades e ser usado de forma positiva.

MERCÚRIO RETRÓGRADO: *Medo ou Oportunidade?*

O famigerado Mercúrio retrógrado ganhou uma reputação muito temida, principalmente nas redes sociais. Durante esse movimento planetário, é comum ver postagens dando dicas para você sobreviver a esse período, como, por exemplo: "Não assine contratos nem tome decisões importantes enquanto Mercúrio estiver retrógrado".

Como este planeta está principalmente associado à comunicação, seu movimento retrógrado causa interrupções nessa área da vida. Ele também é associado a mal-entendidos, bem como a problemas em dispositivos eletrônicos. Também pode causar interrupções em viagens e voltar nossa atenção para o passado.

Não há dúvida de que o período de Mercúrio retrógrado pode ser desafiador, mas a reputação que ele ganhou de trazer principalmente caos e interrupções é injusta, pois sua energia também pode ser usada de maneiras positivas. O movimento retrógrado nos direciona para dentro, dando-nos uma oportunidade para nos reconectarmos com o nosso próprio ser e nos tornarmos mais conscientes de nós mesmos.

Como o período retrógrado está associado ao movimento para trás, Mercúrio retrógrado volta nossa atenção para o passado, propiciando a chance de revisitarmos qualquer projeto inacabado, especialmente se ele envolver a escrita, a leitura ou a pesquisa, e refazer, reavaliar e revisar tudo em nossa vida que não nos serve mais. Verifique em qual signo do zodíaco o planeta retrógrado está, para saber qual área da sua vida provavelmente será afetada, e onde você precisará concentrar sua atenção para aproveitar ao máximo esse movimento planetário. Mercúrio retrógrado desacelera um pouco as coisas, o que pode lhe dar uma oportunidade para se reconectar com seu parceiro ou com amigos e familiares que não vê há muito tempo.

Se Mercúrio estava em retrógrado no momento do seu nascimento (como no meu caso!), você vivenciará esse movimento planetário de maneira diferente, em comparação com aqueles que não nasceram durante o período retrógrado desse planeta. Como Mercúrio rege nossos processos mentais, aqueles que nasceram durante seu período retrógrado podem ter uma mente aguçada e viver no seu próprio mundo, num nível mental. Isso pode tornar a comunicação particularmente difícil em algumas situações. Se você tem Mercúrio retrógrado no seu mapa astral, verifique em qual elemento e signo você nasceu, pois isso o ajudará a entender por que você pensa da maneira como faz.

☿ Rx

SIGNO E SÍMBOLO

DURAÇÃO
Cada período retrógrado dura cerca de 3 semanas

FREQUÊNCIA
de 3 a 4 vezes por ano

MERCÚRIO RETRÓGRADO

PALAVRAS-CHAVE
má comunicação, interrupções, dificuldades técnicas, mal-entendidos, problemas de viagem, o passado, recuo, revisitar, reexaminar, reavaliar, autoconsciência

OUTROS PLANETAS *Retrógrados*

Todos os planetas passam por um período retrógrado, embora sua frequência e a duração possam variar. O movimento retrógrado é um recuo que traz energias disruptivas, mas não apenas caos e negatividade. Se você tiver algum planeta retrógrado em seu mapa astral, é provável que sinta seus efeitos de forma mais intensa em sua vida.

Vênus

FREQUÊNCIA: A cada 18 meses
DURAÇÃO: 40 dias

Quando Vênus, o planeta do amor e da beleza, está retrógrado, pontos fracos dos nossos relacionamentos podem se evidenciar, problemas antigos podem reaparecer e aumenta a possibilidade de mal-entendidos. Vênus retrógrado também pode nos levar a tomar decisões precipitadas sobre a nossa aparência, das quais podemos nos arrepender depois. Esse período é uma oportunidade para reavaliarmos relacionamentos e enfrentarmos problemas. Também é um bom momento para nos concentrarmos no que valorizamos na vida e trabalharmos nosso valor próprio.

Marte

FREQUÊNCIA: A cada 2 anos
DURAÇÃO: 55-80 dias

Marte retrógrado influencia negativamente a nossa motivação e força de vontade, dificultando a conclusão de tarefas. Projetos em que estamos trabalhando podem perder impulso ou estagnar. Pode haver atrasos em várias áreas da nossa vida e, como é o planeta da guerra, Marte retrógrado aumenta a possibilidade de conflitos. Aproveite esse período de baixa produtividade para planejar como você pode alcançar seus objetivos quando Marte voltar ao movimento direto.

Júpiter

FREQUÊNCIA: Uma vez por ano
DURAÇÃO: 120 dias

Por ser o planeta da expansão, Júpiter, quando retrógrado, nos leva a olhar para dentro e estimula a introspecção. Ele só nos deixa um pouco mais contidos, com nossa expressão exterior menos evidente, pois é o retrógrado mais suave entre todos os planetas. Pode, no entanto, causar atrasos e nos levar a desvios inesperados.

Aproveite a energia introspectiva de Júpiter retrógrado para desacelerar seus pensamentos e refletir sobre seu crescimento pessoal. É um bom

Saturno

FREQUÊNCIA: Uma vez por ano
DURAÇÃO: 140 dias

Planeta da disciplina e do karma, Saturno está associado a restrições e limitações. Ele pode trazer à tona dívidas kármicas que precisamos pagar e lições kármicas que precisamos aprender. Esse é o período para revisitar o passado e honrar as responsabilidades que assumimos, mas temos evitado. Saturno retrógrado oferece a oportunidade de revisar o ano que passou, desde o último período retrógrado desse planeta, e identificar os desafios que precisamos enfrentar. É também um bom momento para planejarmos o que é necessário para alcançarmos nossos objetivos, principalmente aqueles relacionados à carreira profissional.

Urano

FREQUÊNCIA: Uma vez por ano
DURAÇÃO: 150 dias

Urano é conhecido por sua energia errática, imprevisível e instável, mas, quando está retrógrado, ele traz essa energia de modo mais tranquilo e menos volátil. Ele nos convida a nos voltar para nós mesmos e promover mudanças pessoais, embora também possa produzir alguns "chamados de despertar" pessoais. Como o Grande Despertador, Urano retrógrado pode nos ajudar a ver as coisas de uma perspectiva diferente, para que possamos viver uma vida mais autêntica. Esse também é um período de maior criatividade e uma boa época para reavaliar o ano que passou, desde o último movimento retrógrado deste planeta.

Netuno

FREQUÊNCIA: Uma vez por ano
DURAÇÃO: 155 dias

Por ser o planeta das ilusões, Netuno pode distorcer a realidade quando está em movimento direto, mas, quando está retrógrado, ele nos ajuda a ver a realidade como ela é. Nesse período fica muito difícil ignorar a verdade e nos enganar, por isso ele nos ajuda a encontrar um significado mais profundo na nossa própria realidade.

Durante Netuno retrógrado, este planeta da espiritualidade nos ajuda a nos conectar com a nossa alma e viver a nossa própria verdade e autenticidade. Também é um bom momento para nos conectarmos com a nossa intuição, criatividade e espiritualidade.

Plutão

FREQUÊNCIA: Uma vez por ano
DURAÇÃO: 155 dias

Quando o planeta da morte, do renascimento, do controle e da destruição entra em movimento retrógrado, ele volta nossa atenção para dentro, para explorarmos nosso lado sombrio. É uma oportunidade para conhecermos o nosso subconsciente e enfrentarmos assuntos geralmente considerados tabus.

Plutão retrógrado destaca aquilo que já não nos serve mais e as partes da nossa vida que precisam de transformação. Ligado à figura da fênix, este planeta, quando retrógrado, nos faz queimar e renascer das cinzas.

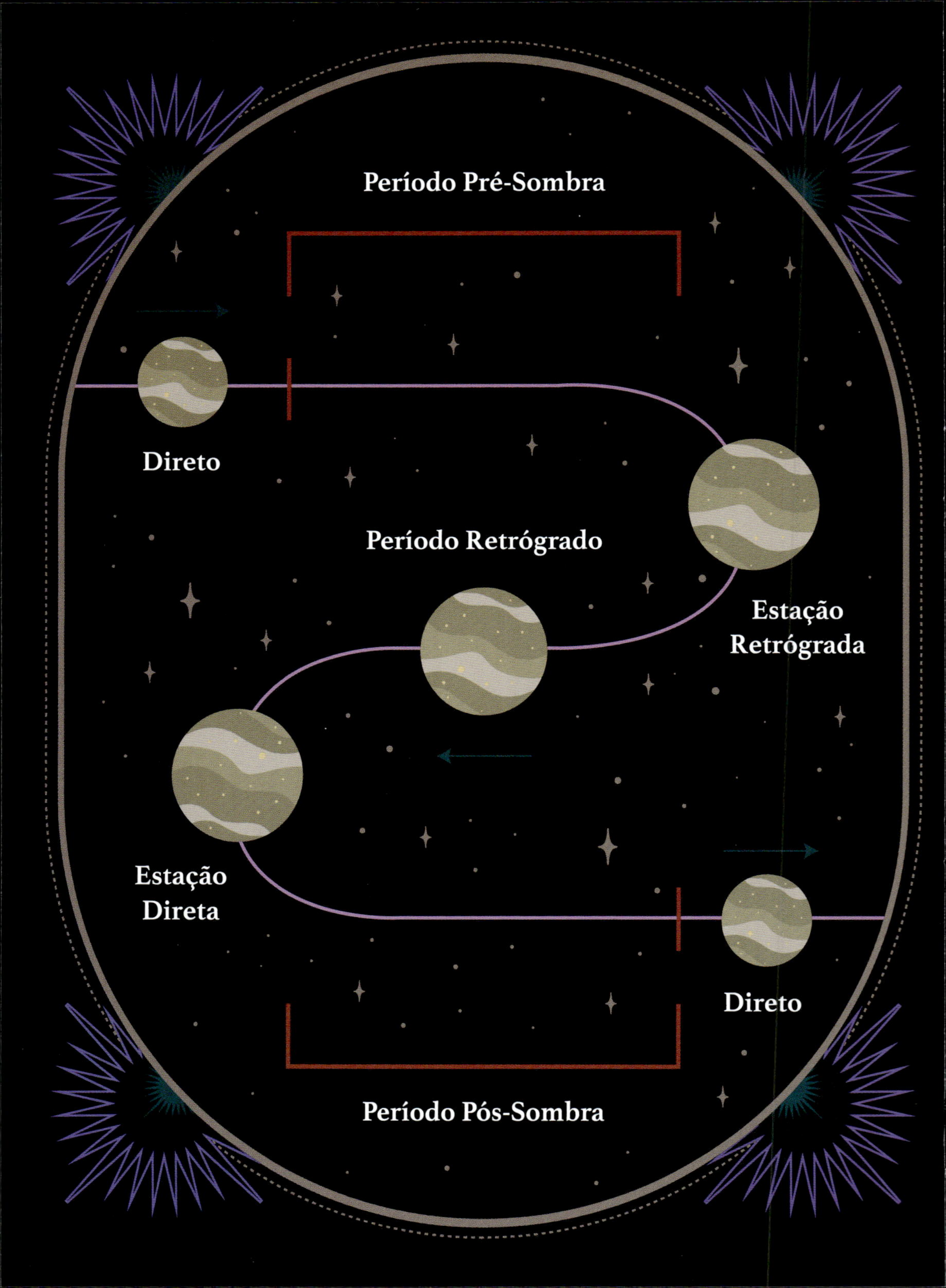
Período Pré-Sombra
Direto
Período Retrógrado
Estação
Retrógrada
Estação
Direta
Direto
Período Pós-Sombra

O PERÍODO *Retrógrado e de Sombra*

O movimento retrógrado é uma ilusão, pois o planeta aparentemente se move para trás em sua órbita a partir do nosso ponto de vista na Terra. Por um período específico de tempo, tanto antes quanto depois do período retrógrado, o planeta passa pelo que é conhecido como um período de sombra ou retrocesso.

Você já pode ter visto nas redes sociais que Mercúrio retrógrado aparentemente passa por um período de sombra, mas isso vale para todos os planetas, não só para Mercúrio. A duração desse período de sombra pode ser de algumas semanas a alguns meses, dependendo do planeta.

A ilustração na página ao lado mostra o movimento aparente de um planeta retrógrado, bem como os períodos de sombra que ocorrem antes e depois desse movimento. Antes de o período retrógrado de um planeta começar, ele se move para frente e depois começa a desacelerar até parar (período pré-sombra). O planeta, portanto, aparentemente entra em movimento retrógrado, mas, antes de acelerar novamente para sua velocidade pré-retrógrada, ele parece estacionar. O período em que o planeta aumenta sua velocidade ao entrar em movimento direto é conhecido como "período pós-sombra".

Quando estacionado, o planeta aparentemente fica imóvel, antes de ajustar sua velocidade e fazer uma volta em U. O período pré-sombra muitas vezes pode parecer mais intenso e estressante, porque o planeta está se preparando para entrar no movimento retrógrado. O modo como isso se manifesta depende do planeta em questão e do signo e casa em que o retrógrado está no momento. Subsequentemente, o impacto de qualquer retrógrado planetário não para de maneira abrupta quando ele entra em movimento direto. Ele diminui gradativamente seus efeitos, à medida que as semanas passam e o planeta se afasta e acelera em sua órbita.

A intensidade de um retrógrado e do seu período de sombra é sentida com mais força quando se trata de um planeta interno, ou seja, mais próximos da Terra, como Mercúrio, Vênus e Marte. Embora a intensidade do período retrógrado dos planetas externos (Júpiter, Saturno, Urano, Netuno e Plutão) aumente gradativamente à medida que eles se afastam da Terra, tal força ainda pode ser impactante!

CORRESPONDÊNCIAS PLANETÁRIAS AOS DIAS DA SEMANA

Dia da Semana	Alinhamento Planetário	Símbolos Planetários
Segunda-feira	Lua	☾
Terça-feira	Marte	♂
Quarta-feira	Mercúrio	☿
Quinta-feira	Júpiter	♃
Sexta-feira	Vênus e Terra	♀
Sábado	Saturno	♄
Domingo	Sol	☉

8

ASTROLOGIA E MAGIA

A astrologia pode nos ajudar a desvendar partes ocultas de nós mesmos e a aprofundar nosso entendimento sobre quem somos. Além disso, ela pode ser um instrumento útil na prática da Bruxaria. É importante ressaltar que você não precisa ser Bruxa para praticar astrologia, nem precisa estudar astrologia para ser Bruxa. No entanto, quando essas duas práticas se unem, os resultados podem ser muito poderosos.

O uso da astrologia como um instrumento na sua prática de Bruxaria faz que você estabeleça uma relação profunda e pessoal com os planetas e luminares. Para começar, você pode fazer oferendas ao planeta com o qual deseja trabalhar ou montar um altar dedicado a ele. Por exemplo, se você deseja trabalhar com a Lua para aumentar sua intuição, primeiro medite sobre a energia lunar, acenda um incenso de jasmim e velas brancas e prateadas.

O uso conjunto da magia e da astrologia baseia-se na crença de que os planetas e luminares são seres inteligentes, com os quais podemos entrar em contato e usar suas energias para energizar e direcionar nossos trabalhos mágicos. Por exemplo, se você estiver planejando um feitiço para melhorar a sua comunicação, pode trabalhar com as energias de Mercúrio e lançar seu feitiço numa quarta-feira, que é o dia da semana desse planeta. Você também pode incluir em seu feitiço cores, ervas e cristais associados a ele.

Ao longo deste livro, você encontrará as correspondências gerais de cada planeta e signo do zodíaco, para incorporar às suas práticas mágicas. À medida que aprende e ganha experiência, você poderá desenvolver seu próprio conjunto de correspondências. Use o que funciona e o que parece melhor para você. O uso de itens como ervas, cristais, cores e até mesmo cartas de tarô conhecidas por compartilhar a mesma energia do planeta ou signo com o qual você deseja trabalhar ajuda você a estabelecer uma conexão mágica que aumenta o poder do seu feitiço.

A MAGIA E OS *Signos do Zodíaco*

Existem muitas maneiras de combinar a prática da astrologia com a da Bruxaria. Você pode levar em conta as características específicas dos doze signos (consulte o Capítulo 2 para conhecer as correspondências zodiacais) e dos planetas (consulte o Capítulo 4 para conhecer as correspondências planetárias) e incorporá-las em seus feitiços e rituais para aumentar seu poder. Você pode fazer isso verificando quais são os signos que estão em sintonia com as energias dos seus trabalhos de magia.

Veja a seguir uma lista das associações mágicas dos doze signos do zodíaco.

Áries
Ação, autoexpressão, identidade, força, coragem, liderança, força de vontade, cura mental.

Touro
Estabilidade, fertilidade, centramento, ganho material, segurança, dinheiro e finanças, prosperidade.

Gêmeos
Inteligência, comunicação, mudança, relacionamentos, equilíbrio, conhecimento.

Câncer
Emoções, família, lar, mudança, proteção.

Leão
Confiança, criatividade, comunicação, expressão, força de vontade.

Virgem
Sucesso, eficiência, prosperidade, pensamento lógico, planejamento, finanças.

Libra
Justiça, equilíbrio, imparcialidade, cura física, diplomacia, romance.

Escorpião
Poderes e habilidades psíquicas, intuição, transformação, renovação, sexo, intimidade, fertilidade.

Sagitário
Transformação, crescimento espiritual, viagens e questões legais, aproveitar oportunidades, liberdade.

Capricórnio

Habilidades psíquicas, manifestação, adivinhação, ambição, planejamento, novos começos, centramento, organizar as finanças.

Aquário

Sabedoria, comunidade, amizade, inspiração, independência, desapego.

Peixes

Criatividade, intuição, trabalho com sonhos, habilidades psíquicas, limites, conexão com o Eu Superior.

SIGNOS DO ZODÍACO PARA TRABALHOS DE MAGIA

Depois que você encontrar os signos que têm energias semelhantes as dos seus trabalhos de magia, é hora de incorporá-los aos seus feitiços na prática. Você pode usar a energia do zodíaco em seus rituais da maneira que quiser, seja ela simples ou complicada, mas é melhor seguir o método que parecer mais apropriado no seu caso!

Aqui estão algumas maneiras fáceis de incorporar os signos em suas práticas mágicas.

1. Desenhe o símbolo ou escreva o nome do signo que deseja utilizar num pedaço de papel e coloque-o em seu altar ou espaço de trabalho quando lançar seu feitiço. Peça ajuda à energia do signo para que ela auxilie em seus trabalhos. O fato de ter seu símbolo ou nome no papel também lhe dá uma representação física e energética do signo com o qual deseja trabalhar.
2. Entalhe o nome ou símbolo do signo que deseja utilizar nas velas do feitiço, que devem ter as cores associadas ao signo em questão (consulte o Capítulo 2 para ver as correspondências cromáticas).
3. Use o nome e o símbolo do signo como ponto focal para a meditação.
4. Use o nome ou o símbolo do signo para representar os objetivos ou intenções que você deseja manifestar.
5. Procure realizar seus trabalhos de magia no período em que a Lua estiver no signo com o qual você deseja trabalhar.
6. Realize seu feitiço durante a estação zodiacal do signo escolhido (consulte o Capítulo 2 para saber as datas).

HORAS PLANETÁRIAS

Outra maneira de incorporar a astrologia aos seus feitiços é usar o antigo sistema das horas planetárias. Esse sistema astrológico e mágico nos permite entrar em sintonia e trabalhar com a energia dos planetas, para aumentar o poder dos nossos trabalhos mágicos.

As horas planetárias são estabelecidas com base na ordem caldeia dos planetas, que os classifica da seguinte maneira: Saturno, Júpiter, Marte, Sol, Vênus, Mercúrio e Lua. Os dias da semana em alguns idiomas receberam nomes derivados desses planetas e, segundo o sistema das horas planetárias, cada um desses planetas rege a primeira hora do dia da semana correspondente. Ao examinar a tabela na página ao lado, podemos ver que domingo é regido pelo Sol, que também rege a primeira hora desse dia. As demais horas do domingo são regidas pelos planetas de acordo com a ordem caldeia: Vênus, Mercúrio, Lua, Saturno, Júpiter, Marte, Sol e assim por diante, ao longo do dia e da noite.

Um dia planetário não é igual a um dia do nosso calendário. Os dias planetários começam ao nascer do sol, de modo que as horas entre o pôr do sol e o nascer do sol fazem parte do dia anterior. Cada dia planetário contém 24 horas planetárias, divididas igualmente em 12 seções, ou horas, diurnas, e 12 seções, ou horas, noturnas (consulte a página 138). A duração dessas horas planetárias varia de acordo com a época do ano. Isso significa que os dias refletem a mudança das estações, pois durante o inverno as horas do dia são mais curtas e, no verão, as horas do dia são mais longas.

As horas planetárias são úteis quando, por algum motivo, você não puder esperar para sincronizar a sua magia com a fase correta da Lua. Nesse caso, você pode sincronizar seu trabalho mágico com o planeta que corresponde à energia desse trabalho.

Agora que você conhece os fundamentos das horas planetárias, veja a seguir duas maneiras de usá-las na sua prática de magia. Prometo que não é tão complicado quanto parece!

HORAS PLANETÁRIAS DO DIA

Horas	Domingo	Segunda-feira	Terça-feira	Quarta-feira	Quinta-feira	Sexta-feira	Sábado
1	☉	☽	♂	☿	♃	♀	♄
2	♀	♄	☉	☽	♂	☿	♃
3	☿	♃	♀	♄	☉	☽	♂
4	☽	♂	☿	♃	♀	♄	☉
5	♄	☉	☽	♂	☿	♃	♀
6	♃	♀	♄	☉	☽	♂	☿
7	♂	☿	♃	♀	♄	☉	☽
8	☉	☽	♂	☿	♃	♀	♄
9	♀	♄	☉	☽	♂	☿	♃
10	☿	♃	♀	♄	☉	☽	♂
11	☽	♂	☿	♃	♀	♄	☉
12	♄	☉	☽	♂	☿	♃	♀

Lua ☽ Marte ♂ Mercúrio ☿ Júpiter ♃

Vênus ♀ Saturno ♄ Sol ☉

HORAS PLANETÁRIAS DA NOITE

Horas	Domingo	Segunda-feira	Terça-feira	Quarta-feira	Quinta-feira	Sexta-feira	Sábado
1	♃	♀	♄	☉	☾	♂	☿
2	♂	☿	♃	♀	♄	☉	☾
3	☉	☾	♂	☿	♃	♀	♄
4	♀	♄	☉	☾	♂	☿	♃
5	☿	♃	♀	♄	☉	☾	♂
6	☾	♂	☿	♃	♀	♄	☉
7	♄	☉	☾	♂	☿	♃	♀
8	♃	♀	♄	☉	☾	♂	☿
9	♂	☿	♃	♀	♄	☉	☾
10	☉	☾	♂	☿	♃	♀	♄
11	♀	♄	☉	☾	♂	☿	♃
12	☿	♃	♀	♄	☉	☾	♂

Lua ☾ Marte ♂ Mercúrio ☿ Júpiter ♃

Vênus ♀ Saturno ♄ Sol ☉

MÉTODO 1

1. Escolha o planeta que esteja mais em sintonia com o propósito do seu feitiço ou ritual. O dia correspondente a ele (veja a página 132) é o melhor dia para você realizar esse trabalho. Por exemplo, se está fazendo um feitiço para aumentar sua vitalidade, lançá-lo na terça-feira pode ser uma boa ideia, pois esse dia está associado a Marte.
2. No dia em que for lançar o feitiço, pesquise os horários do nascer e do pôr do sol no local geográfico em que você está. Calcule o total de horas com luz do dia entre esses dois horários. Você também pode fazer o mesmo com as horas noturnas, para saber o total de horas com escuridão entre o pôr do sol e o nascer do sol. Usando como exemplo o local em que estou, o Sol nasceu em Yorkshire, Reino Unido, hoje às 8h06 e se pôs às 15h46, então houve 7 horas e 40 minutos de luz do dia, ou 460 minutos de luz.
3. Em seguida, divida o número de horas de luz (em minutos) por 12, para encontrar a duração de cada hora planetária. No meu exemplo de hoje, 460 : 12 = 38,3. Ou seja, cada hora planetária do dia terá 38,3 minutos. Você pode fazer o mesmo com o período noturno se deseja lançar um feitiço à noite.
4. Agora que você sabe a duração de cada hora planetária, consulte na tabela da página 137 o dia que é regido pelo planeta com o qual deseja trabalhar e encontre os horários regidos por esse planeta. Por exemplo, o feitiço para aumentar a vitalidade está em sintonia com Marte, por isso deve ser realizado numa terça-feira. Na coluna da tabela correspondente à terça-feira, a primeira hora regida por Marte é o nascer do sol, que é às 8h06. O próximo horário fica sete colunas abaixo, que corresponde à 8ª hora planetária do dia, o que faz com que o horário das 14h47 às 15h25 seja o segundo melhor horário para realizar a sua magia (se multiplicar 38,3 minutos de cada hora planetária por 8, você terá 306,4 minutos, que deverá adicionar ao horário do nascer do sol, às 8h06).

MÉTODO 2

1. Este é um método simplificado de usar o poder dos planetas para potencializar seus feitiços. Em vez de calcular o horário preciso das horas planetárias, você estabelece que as horas planetárias, tanto durante o dia quanto à noite, têm 60 minutos de duração.
2. Escolha o planeta que está em sintonia com a energia dos seus trabalhos e descubra o dia que corresponde a esse planeta.
3. Consulte a tabela, até encontrar a coluna correspondente ao dia em que deseja realizar seu trabalho mágico, onde está os horários associados ao planeta com o qual deseja trabalhar.
4. Esses são os melhores horários para você realizar seu feitiço ou ritual, aproveitando ao máximo a energia planetária.

Obs. As ilustrações das fases da Lua deste livro correspondem ao aspecto da Lua do ponto de vista de um observador do Hemisfério Norte, onde o Sol ilumina a Lua a partir do lado contrário ao que ilumina no Hemisfério Sul. (N. da T.)

A LUA *e a Bruxaria*

A Lua desempenha um papel importante tanto na prática da astrologia quanto da Bruxaria. A sincronização dos seus feitiços e rituais com a fase correta da Lua pode dar um impulso energético real aos seus trabalhos e torná-los mais eficazes. Cada fase da Lua está mais em sintonia com um propósito ou tipo diferente de magia.

LUA NOVA – Inícios, recomeços, limpeza, purificação, centramento, definição de intenções e metas, iniciações, abandono de hábitos e vícios prejudiciais, banimento, maldições, trabalho com a Sombra, desenvolvimento pessoal.

LUA CRESCENTE – Crescimento, desenvolvimento, aumento, invocação, planejamento, sucesso, magia positiva e simpática, carreira, confiança, atração, prosperidade, mais amor, autodesenvolvimento.

QUARTO CRESCENTE – Crescimento, nutrição, equilíbrio, criatividade, força, avançar, poder, amor, sorte, abundância, prosperidade, ação, abertura de caminhos, enfrentar desafios.

CRESCENTE GIBOSA – Sucesso, manifestação, atração, sorte, riqueza, motivação, amor, abundância, cura, magia elemental, proteção.

LUA CHEIA – Poder, limpeza, aumento de habilidades psíquicas, proteção, cura, fertilidade, carregar instrumentos, limpeza, abundância, conclusão, romance, manifestação, trabalho interior.

MINGUANTE GIBOSA – Diminuição, reflexão, desapego, banimento, quebrar feitiços e maldições, eliminar negatividade, términos, libertação.

QUARTO MINGUANTE – Descanso, reflexão, desapego, olhar para dentro, meditação, limpeza, remoção, banimento da negatividade, libertação.

LUA MINGUANTE – Cura, honrar fases, abandonar maus hábitos, curar doenças, términos, libertação, banimento, descanso.

Não são apenas as fases da Lua que podem ser usadas na magia e na Bruxaria. Existem outros eventos lunares importantes, como as superluas e os eclipses, as luas fora de curso e os fenômenos astronômicos relacionados à Lua, como a Lua Negra, que podem ser usados para estruturar e sincronizar seus feitiços e rituais. Há também o zodíaco lunar, que é dividido em 28 partes, conhecidas como "Mansões Lunares". Cada uma com um nome árabe, essas mansões têm raízes antigas e tipos específicos de energia que podem ser usados em diferentes formas de magia. Nas páginas a seguir, examinaremos cada uma dessas mansões e como elas podem ser usadas para aprimorar sua prática de magia e deixar seus feitiços mais poderosos. É importante observar que nem todas as Bruxas sincronizam seus feitiços com a Lua, o que é aceitável, pois cada Bruxa tem suas próprias práticas. Portanto, esses diferentes eventos lunares não são um elemento obrigatório nos trabalhos de feitiço.

AS SUPERLUAS

A órbita da Lua ao redor da Terra não é circular e por isso há épocas em que esse satélite se aproxima mais da Terra, fazendo que ela pareça até 14% maior. Essa proximidade maior dá origem à "superlua".

A superlua, também conhecida pelo nome astronômico *perigeu-sizígia*, pode ser de dois tipos: a *superlua cheia*, que ocorre quando a Lua está em alinhamento direto com o Sol e mais próxima da Terra, o que faz que ela pareça maior e mais brilhante do que o normal. E a *superlua nova*, que não é visível para nós, mas ocorre no momento em que a Lua também está em seu ponto mais próximo da Terra.

Normalmente, há cerca de três a quatro superluas por ano. No contexto da magia, as qualidades associadas à Lua cheia e à Lua nova são intensificadas e essas energias mais intensas podem ser aproveitadas em feitiços e rituais. Ao trabalhar com uma superlua na magia, é importante verificar em que signo do zodíaco ela está, pois os traços e as características desse signo, assim como seus pontos fortes e fracos, também serão ampliados. Essa energia poderosa pode tornar esse momento potencialmente mais desgastante, mas há pessoas que, pelo contrário, o acham energizante.

Por exemplo, se você está planejando lançar um feitiço de proteção, a superlua cheia seria um ótimo momento para essa magia, pois as energias intensificadas da Lua cheia aumentariam o poder do seu feitiço. Do mesmo modo, se pretende realizar um ritual para definir intenções ou para propiciar um novo começo, a superlua nova estaria em perfeita sintonia com a energia do seu ritual.

Durante a superlua, muito trabalhos mágicos podem ser realizados. Como a superlua tem um efeito maior nas marés, é o momento perfeito para trabalhar com o elemento Água. Uma maneira simples de você fazer isso é produzindo "Água da Lua" para usar em feitiços, para beber ou para regar as plantas. Você também pode fazer o Pote Mágico da Superlua para a Saúde, que contém manjericão, camomila e crisântemo desidratados. Além disso, é possível adicionar ao Pote Mágico algo simbólico, como um comprimido de vitamina, e selá-lo com a cera de uma vela azul-clara ou branca. Outra opção é acender um incenso da superlua, feito com partes iguais de lavanda, canela e alecrim, para receber as energias lunares na sua casa ou no seu espaço ritual, ou como parte de um feitiço. Ou você pode tomar um banho de purificação com sal amargo, alecrim e lavanda, durante a superlua.

Alerta: Se você tem pele sensível ou propensão a reações alérgicas, sempre faça primeiro um teste de sensibilidade, usando uma infusão ou decocção das ervas que deseja usar em seu banho ritual.

AS SUPERLUAS E A MAGIA

Aterre sua energia passando um tempo em meio à natureza caso a energia da superlua lhe parecer intensa demais.

Aproveite a energia lunar tomando um banho à luz do luar.

Coloque cristais sob a luz da Lua para carregá-los e purificá-los.

Acenda o incenso da superlua.

Tome um banho purificador com sal amargo, alecrim e lavanda.

A energia da superlua cheia é perfeita para feitiços que precisam de uma dose extra de poder.

ECLIPSES
Lunares e Solares

Os eclipses são fenômenos celestes dinâmicos, com fortes influências kármicas. Eles ativam os Nodos lunares Sul e Norte do mapa astral e isso se manifesta em sua vida como uma conexão maior com a intuição.

Eclipse lunar

O eclipse lunar acontece quando a Terra se interpõe entre a Lua cheia e o Sol, projetando a sua sombra sobre a Lua, total ou parcialmente. Esse fenômeno pode durar de alguns minutos até algumas horas. No eclipse lunar total, o Sol, a Terra e a Lua ficam perfeitamente alinhados, fazendo que a Lua fique escura, até mesmo vermelha, porque a luz direta do Sol deixa de se refletir na superfície dela. A eclipse lunar parcial ocorre quando apenas uma parte da Lua é obscurecida pela sombra da Terra. Os eclipses lunares estão associados à cura, aos avanços, ao passado e à resolução de questões kármicas.

Eclipse solar

Esse eclipse só acontece quando a Lua nova e o Sol estão posicionados no mesmo grau do mesmo signo do zodíaco. Quando a Lua passa entre o Sol e a Terra, ela bloqueia total ou parcialmente o Sol. Os eclipses solares estão associados a revelações, ao renascimento e às mudanças.

Eclipses, Astrologia e Magia

Na prática da magia, os eclipses são momentos de uma energia intensa, instável e imprevisível. Nessa época, você pode perceber padrões, como ver números repetidos com frequência, ter premonições e sonhos recorrentes. Você também está mais propensa a se sentir esgotada, ansiosa e ter dificuldade para dormir. Se você nasceu no dia de um eclipse, observe em qual signo e casa ele ocorreu, pois isso lhe dirá a área da vida que esse eclipse vai ativar e influenciar.

Embora algumas Bruxas considerem o momento do eclipse incrivelmente poderoso e propício para a magia, muitas delas (incluindo eu) acreditam que a energia desse fenômeno é poderosa e imprevisível demais para ser usada em trabalhos mágicos. A magia realizada nesses momentos não tem necessariamente o efeito que se espera, além de ter grande chance de dar errado... E como a quantidade de energia instável do eclipse é imensa, é bem provável que o resultado seja catastrófico!

Na página ao lado, fiz uma lista de algumas coisas que gosto de fazer na época dos eclipses, embora a sua lista possa ser bem diferente e tudo bem! Embora eu não recomende a magia dos eclipses, praticá-la ou não ainda é uma escolha pessoal.

ECLIPSES LUNARES E SOLARES

Pratique o autocuidado se um eclipse estiver drenando a sua energia.

Faça Água de Eclipse Lunar ou Solar para usar em feitiços ou para regar as plantas.

Pratique um método de divinação, como o tarô.

Registre seus sentimentos num diário, principalmente se um eclipse lunar estiver trazendo à tona questões do passado.

Medite e aprenda a fluir com as energias geradas por um eclipse.

Pratique o trabalho com a Sombra.

ATIVIDADES DURANTE AS LUAS FORA DE CURSO

Medite.

Aterre-se entrando em contato com a natureza.

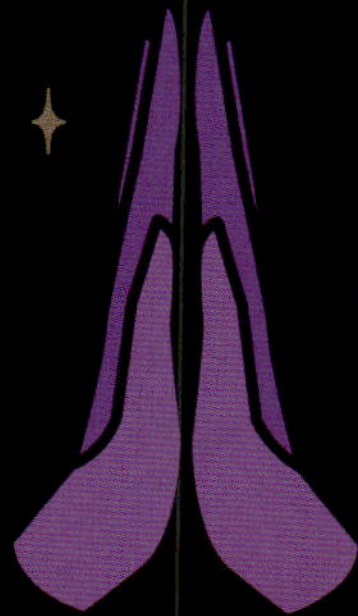

Pratique exercícios suaves de yoga, pilates ou alongamento.

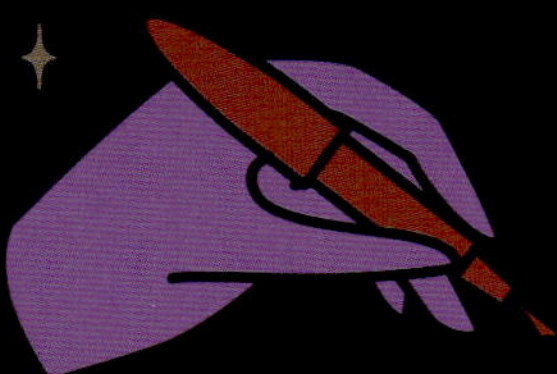

Registre seus sentimentos num diário.

Acenda um incenso calmante (misture lavanda, camomila, alecrim e olíbano).

Siga uma rotina, pois isso trará conforto e estabilidade.

Pratique o autocuidado.

Reserve um tempo para refletir.

LUAS *Fora de Curso*

Durante aproximadamente 28 dias, a Lua passa por todos os doze signos do zodíaco, enquanto orbita a Terra, e permanece de dois a três dias em cada signo antes de seguir para o próximo.

Nesse processo, a Lua normalmente produz importantes aspectos com outros planetas, que são os ângulos formados entre dois ou mais planetas (veja mais no Capítulo 6). Como a Lua se move rapidamente pelos signos do zodíaco, ela está constantemente formando esses aspectos planetários, que podem ter um impacto real sobre nosso humor e nossas emoções. O período "fora de curso" refere-se ao intervalo de tempo que começa no momento em que a Lua forma seu último aspecto com um signo do zodíaco e termina justamente quando ela entra no próximo signo. Esse período pode durar desde alguns segundos até algumas horas ou dias.

Ela está "fora de curso" (ou vazia) porque esse é um período em que ela passa pelos signos, mas não recebe a influência dos planetas próximos. Portanto, ela não está mais projetando sua energia através do signo em que se encontra no momento e ainda não está pronta para projetar sua energia no signo seguinte. Essa é, de fato, uma área cinzenta da astrologia. Por tradição, convém evitar as decisões durante esse período, pois a Lua fora de curso pode afetar o modo como vemos as coisas, provocando uma visão distorcida da realidade. As decisões que você toma durante esse período não são necessariamente baseadas em fatos e podem ser ilusórias, é por isso que é melhor não iniciar novos projetos nem assinar contratos ou acordos quando a Lua estiver fora de curso. Os planos feitos durante esse período tendem a não se concretizar no mundo real.

A Lua fora de curso pode fazer que você se sinta menos paciente, menos produtiva e menos centrada do que o normal. Ela pode gerar sentimentos de frustração, porque parece que você não está avançando. Essa Lua de baixa energia não é um bom momento para magia ou a manifestação. Para aqueles que trabalham com as energias e ciclos da Lua, a Lua fora de curso é uma ótima oportunidade para o descanso. Muitas vezes, os astrólogos e as Bruxas usam esse período em que a Lua está fora de curso para se dedicar a práticas de baixa energia ou de reflexão, mas também para descansar. Reserve um tempo para o autocuidado e práticas revitalizantes que equilibrem suas energias e emoções, e não consuma a pouca energia que você possa ter durante essa lua.

Se você quiser saber o início e o final das luas fora de curso ao longo do ano, procure um *site* que calcule ou consulte os Almanaques da Ed. Pensamento.

LILITH, A LUA NEGRA

CORES
preta e vermelha

SÍMBOLO
Lua Crescente e cruz

ELEMENTOS
Ar e Fogo

ASSOCIAÇÕES MÁGICAS
transformação, libertação, sensualidade, empoderamento, magia sexual, feminilidade, despertar, cura, confiança, autoexpressão, controle da raiva, respeito, reconhecimento, magia da fertilidade, igualdade, melhora dos relacionamentos

CRISTAIS
pedra da lua negra, cornalina, quartzo transparente, obsidiana, ônix, quartzo fumê, jaspe vermelho

ERVAS, FLORES E ÁRVORES
cedro, gardênia, artemísia, flor de laranjeira, *patchouli*, peônia, rosa, sândalo, losna, ilangue-ilangue

ANIMAIS
cobras e corujas

LILITH, *a Lua Negra*

Lilith, também conhecida como Lua Negra, não é um planeta real ou outro corpo celeste do seu mapa astral, mas, sim, o ponto exato e matemático na órbita da Lua em que ela está o mais distante possível da Terra. Devido à órbita elíptica da Lua, esse ponto está sempre na escuridão e representa um lugar onde a Lua está isolada dos outros planetas. A Lilith, a Lua Negra, não deve ser confundida com o asteroide Lilith. (Existem várias Liliths diferentes na astrologia, o que pode ser um pouco confuso no início.)

Lilith é o arquétipo da mulher rebelde: ela se recusou a ser a esposa submissa de Adão e, como resultado, Deus a expulsou do Jardim do Éden. Assim, Lilith está associada à luta contra o patriarcado, por isso ela pode ser uma Deusa muito empoderadora para mulheres e homens também. Lilith representa o lado escuro da existência humana, mas essa escuridão não é necessariamente negativa. Ela representa nossos medos, instintos, obsessões, desejos reprimidos e nossa sexualidade (que pode se manifestar como vergonha e culpa). Lilith é uma força indomável e feroz que nos pede para aceitar o nosso lado sombrio e liberar o que nos ensinaram a reprimir.

A magia durante o período da Lua Negra é muito poderosa. Ela oferece transformação, mas o caminho que leva até ela geralmente não é fácil, pois pode nos obrigar a enfrentar verdades desagradáveis. Lilith ajuda você a libertar a sua voz autêntica, descobrir seu caminho de vida e remover os bloqueios que está no seu caminho, levando a um estado superior de consciência.

Quando Lilith está no signo de Touro no mapa astral, pode indicar uma pessoa obstinada, mas sensual. Lilith em Virgem pode afetar seu dia a dia, pois você pode ser perfeccionista ao extremo ou muito desorganizada, mas se sua Lilith estiver em Aquário, isso pode indicar que você é uma pessoa que se recusa a cercear seu sentimento de liberdade e independência.

Eu adoro acender um incenso inspirado em Lilith ao trabalhar com esse ciclo lunar. Eu uso quantidades iguais de artemísia, jasmim, pétalas de rosa e mirra e queimo essas ervas num disco de carvão, dentro de um recipiente resistente ao calor. A Lua Negra é o momento perfeito para fazer magias associadas à libertação, ao empoderamento, ao sexo, ao trabalho com a Sombra e à cura, embora você possa consultar a página a seguir para conhecer uma lista completa de correspondências mágicas e feitiços relacionados à Lua Negra.

Encontre o signo e a casa onde sua Lilith está posicionada e você saberá muito mais sobre a sua Sombra e o poder oculto dentro de você. Você pode calcular o signo de Lilith usando uma das muitas calculadoras *on-line* disponíveis; o meu favorito é cafeastrology.com/whats-my-black-moon-lilith.html.

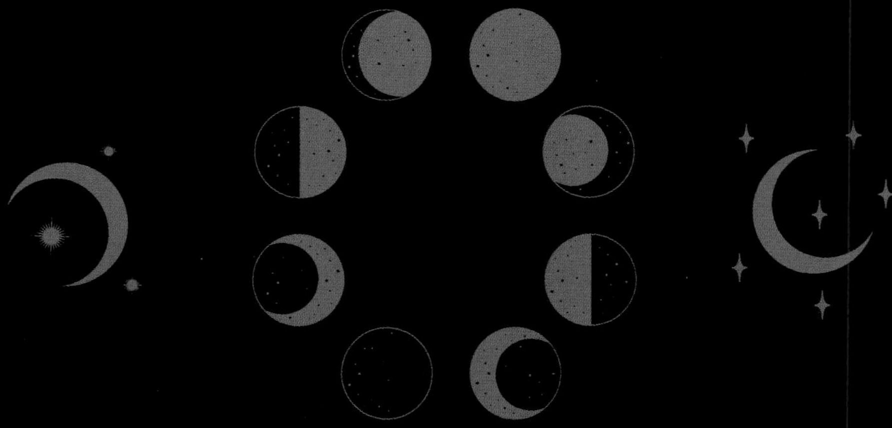

AS MANSÕES *Lunares*

O zodíaco que costumamos conhecer é baseado na jornada anual do Sol através das constelações do zodíaco. No entanto, poucas pessoas sabem que também existe um zodíaco lunar. Chamado de Mansões Lunares, esse zodíaco se baseia no percurso que a Lua faz pelas estrelas em sua órbita ao redor da Terra. Esse ciclo completo leva 27,32 dias e a Lua passa um dia e uma noite em cada signo antes de passar para o próximo. A órbita da Lua se compõe, portanto, de 27 ou 28 mansões (dependendo do tipo de astrologia que está sendo usada). Nós usaremos a astrologia ocidental (influenciada pela astrologia árabe), que considera 28 Mansões Lunares, cada uma delas ocupando 12° 51' 26'' do círculo zodiacal de 360°. Cada uma dessas mansões contém a uma única estrela ou a grupo estelar, e tem um nome árabe.

Começando no grau 0 de Áries, cada mansão corresponde a diferentes estrelas nas constelações do zodíaco, à medida que a Lua se move ao redor do círculo zodiacal, terminando no grau 0 de Áries, onde começou.

O zodíaco lunar é antigo. Embora suas origens exatas sejam tema de debates, há evidências de que as Mansões Lunares tenham sido usadas no Oriente Médio, na China e na Índia. O primeiro registro histórico escrito do uso desse zodíaco é de um astrólogo islâmico nascido em 973 d.C. Cada mansão está associada a um tipo diferente de energia, que pode ser usado para aumentar o poder da magia lançada naquele momento. Para descobrir quando a Lua está em determinada mansão, eu uso o *site* https://mooncalendar.astro-seek.com/arabic-moon-mansion-calendar.

MANSÃO UM

Al-Sharatain (As Duas Marcas)

POSIÇÃO: 0° de Áries a 12° 51' 26" de Áries

PALAVRAS-CHAVE: Mudança, energia ardente e vigorosa, movimento, começos, viagens, cura.

Associada a uma explosão de energia que facilita a magia relacionada à mudança, esta mansão é o momento perfeito para a magia associada a novos começos e recomeços. Também é considerado um bom momento para feitiços relacionados a viagens, negócios e cura.

MANSÃO DOIS

Al-Butain (O Umbigo)

POSIÇÃO: 12° 51' 26" de Áries a 25° 42' 51" de Áries

PALAVRAS-CHAVE: Conflito, coragem, esforço, vontade, ambição, novos começos.

Associada a uma energia ardente, esta mansão pode criar conflitos, mas também traz esperança, o que faz dela um bom momento para a magia associada à reconciliação e à resolução de conflitos. Trata-se de uma boa oportunidade para semear intenções e realizar feitiços que buscam sabedoria, sucesso nos negócios ou favores de uma autoridade.

MANSÃO TRÊS

Al-Thurayya (O Enxame, ou Plêiades)

POSIÇÃO: 25° 42' 51" de Áries a 8° 34' 17" de Touro

PALAVRAS-CHAVE: Determinação, transformação, prosperidade, abundância, criatividade, carreira, beleza, arte, sucesso, fortuna.

Associada à magia relacionada à abundância e à prosperidade, graças ao signo de Touro, do elemento Terra, a energia desta mansão é mais serena do que a duas primeiras e pode ser usada em magias relacionadas à criatividade, à arte e à beleza. Feitiços relacionados à transformação, ao sucesso na carreira, à riqueza e à sorte também são favorecidos.

MANSÃO QUATRO

Al-Dabaran (O Seguidor)

POSIÇÃO: 8° 34' 17" de Touro a 21° 25' 43" de Touro

PALAVRAS-CHAVE: Remoção de obstáculos, luta, negócios, trabalho, derrotar inimigos, raiva, força.

Esta mansão está associada à magia relacionada à raiva, seja processando-a, direcionando-a para inimigos ou controlando-a. Também está associada à diplomacia e à reconciliação. A energia desta mansão pode ajudá-la a remover quaisquer obstáculos que a estejam impedindo de alcançar os seus objetivos, mas é um lembrete de que é necessário esforço para alcançá-los.

MANSÃO CINCO

Al-Hakah (Um Ponto Branco)

POSIÇÃO: 21° 25' 43" de Touro a 4° 17' 09" de Gêmeos

PALAVRAS-CHAVE: Atividades intelectuais, estudos acadêmicos, pensamento, viagens, mente, amizades.

Além das atividades intelectuais, esta mansão está sintonizada com a magia relacionada a empregos e carreiras e feitiços para conseguir uma promoção ou aumento, o que pode significar buscar favores de alguém num cargo superior. A magia relacionada ao início e ao fim de amizades também é favorável neste momento.

MANSÃO SEIS

Al-Hana (Pequena Estrela de Grande Luz, ou Marca)

POSIÇÃO: 4° 17' 09" de Gêmeos a 17° 8' 34" de Gêmeos

PALAVRAS-CHAVE: Amor, amizades, afeição, relacionamentos, negócios, formação de alianças, poder.

Esta mansão positiva está associada a magias para atrair amor e amizades e para formar um vínculo entre duas pessoas. Pode ser usada para atrair afeição e aprofundar qualquer relacionamento. A magia relacionada a negócios e à formação de sociedades é favorecida neste momento. A Lua nesta mansão pode representar conflito, portanto evite a magia associada ao crescimento.

MANSÃO SETE

Al-Dhira (O Antebraço)

POSIÇÃO: 17° 8' 34" de Gêmeos a 0° de Câncer

PALAVRAS-CHAVE: Amor, cura, amizades, negócios, comércio, abundância, riqueza, ganho.

Esta mansão é um bom momento para a magia relacionada ao amor e à amizade, pois pode promover sentimentos de confiança. Ela também está associada ao sucesso nos negócios, bem como à riqueza e à abundância. Também pode representar sucesso em empreendimentos futuros. Esta mansão também favorece a magia relacionada à cura e à integridade física.

MANSÃO OITO

Al-Nathrah (A Fenda)

POSIÇÃO: 0° de Câncer a 12° 51' 26" de Câncer

PALAVRAS-CHAVE: Casamento, amor, amizade, família, alcançar seus objetivos, cura, alianças.

Esta mansão, geralmente, está relacionada ao casamento e ao amor. Quando a Lua está nesta mansão, a magia associada à vida familiar e aos laços e conexões entre os membros da família é favorecida. Esta mansão também está em sintonia com a magia relacionada ao trabalho e à busca pelos nossos objetivos, assim como a vitória no contexto jurídico.

MANSÃO NOVE

Al-Tarf (O Olhar do Olho do Leão)

POSIÇÃO: 12° 51' 26" de Câncer a 25° 42' 51" de Câncer

PALAVRAS-CHAVE: Proteção, autodefesa.

Esta mansão está associada à má sorte, à saúde precária e à derrota. É um bom momento para qualquer feitiço ou ritual de proteção, principalmente aqueles relacionados à saúde, às finanças, às viagens e aos relacionamentos platônicos e românticos. A magia defensiva também pode ser favorecida, principalmente contra decepções e infortúnios. Também é um bom momento para a magia relacionada à aceitação.

MANSÃO DEZ

Al-Jabhah (O Arco de Leão)

POSIÇÃO: 25° 42' 51" de Câncer a 8° 34' 17" de Leão

PALAVRAS-CHAVE: Saúde, cura, recuperação, poder, espiritualidade, amizade, amor, estudos, força.

Esta mansão de grande poder é um bom momento para feitiços e rituais relacionados à força pessoal, ao amor e aos relacionamentos. Ela está associada à magia associada à cura, à recuperação de doenças ou dependências e à saúde em geral. Também é um momento favorável para a magia conectada a todas as formas de estudo, à educação e ao acúmulo de conhecimento.

MANSÃO ONZE

Al-Zubrah (A Juba do Leão)

POSIÇÃO: 8° 34' 17" de Leão a 21° 25' 43" de Leão

PALAVRAS-CHAVE: Ganho, lucro, viagem, riqueza, coragem, poder, afirmação de autoridade, respeito.

Nesta mansão, a magia relacionada às características do signo de Leão, como o aumento do poder, da força e da coragem, é favorecida, embora este não seja um momento para se correr riscos. Feitiços e rituais relacionados a ações planejadas e projetos com objetivos claros também recebem um poder extra neste momento, assim como a magia associada a qualquer ganho, lucro ou riqueza.

MANSÃO DOZE

Al-Sarfah (O Rabo do Leão, ou A Mudança do Tempo)

POSIÇÃO: 21° 25' 43" de Leão a 4° 17' 09" de Virgem

PALAVRAS-CHAVE: Jardinagem e agricultura, crescimento, lançar alicerces, separação, serviço.

Esta mansão é um momento favorável para a magia ecológica, bem como a magia que se concentra no crescimento ou na busca de construir e lançar alicerces. Também é um bom momento para feitiços e rituais associados à comunicação. A mansão doze está relacionada com o confronto, principalmente no amor, portanto, não é um momento para a magia associada a relacionamentos.

MANSÃO TREZE

Al-Awwa (As Asas de Virgem, ou O Latidor)

POSIÇÃO: 4° 17' 09" de Virgem a 17° 08' 34" de Virgem

PALAVRAS-CHAVE: Amor, sexo, desejo, sexualidade, começos, novos projetos, cura, união, aumento, realização.

Esta mansão está relacionada ao amor, principalmente ao amor sexual, ao desejo e à sexualidade. É o momento perfeito para iniciar novos projetos, feitiços e rituais associados a começos. Uma mansão geralmente auspiciosa, ela é também um bom momento para a magia relacionada ao aumento e ao ganho.

MANSÃO CATORZE

Al-Simak (O Desarmado)

POSIÇÃO: 17° 08' 34" de Virgem a 0° de Libra

PALAVRAS-CHAVE: Romance, amor romântico, mudança de residência, amizade, fim de relacionamentos, mudança de emprego.

Esta mansão está ligada a feitiços associados ao romance e à atração do amor romântico. Ela também pode ser uma boa alternativa se você estiver pensando em deixar seu emprego, mudar de residência ou terminar um relacionamento. Este é o momento para a magia que bane da sua vida o que não serve ao seu eu mais elevado.

MANSÃO QUINZE

Al-Ghafr (A Cobertura)

POSIÇÃO: 0° de Libra a 12° 51' 26" de Libra

PALAVRAS-CHAVE: Dinheiro, riqueza, negócios, comércio, prosperidade, comunicação.

Relacionada à magia do dinheiro e a feitiços associados ao aumento da riqueza, esta mansão tem a natureza de Mercúrio, o regente planetário dos negócios e do comércio. A magia relacionada com esses temas é favorecida neste momento, assim como a relacionada à comunicação.

MANSÃO DEZESSEIS

Al-Jubana (Os Chifres do Escorpião)

POSIÇÃO: 12° 51' 26" de Libra a 25° 42' 51" de Libra

PALAVRAS-CHAVE: Riqueza, prosperidade, sucesso, negócios, comércio.

Esta mansão está associada ao aumento da riqueza e da prosperidade. Por tradição, considera-se que ela tenha a natureza de Saturno e Marte e esteja particularmente associada a feitiços relacionados ao sucesso nos negócios, ao lucro e ao ganho monetário por meio do comércio e de empreendimentos comerciais. É uma boa mansão se você está buscando um aumento de salário.

MANSÃO DEZESSETE
Al-Iklil (A Coroa de Escorpião, ou A Coroa da Testa)

POSIÇÃO: 25° 42' 51" de Libra a 8° 34' 17" de Escorpião

PALAVRAS-CHAVE: Segurança financeira, proteção financeira, proteção contra roubo.

Esta mansão está relacionada à riqueza adquirida nas duas mansões anteriores, mas está mais conectada à segurança e à proteção financeira. Às vezes, pode significar perda financeira, portanto, a magia que busca proteger a riqueza e a estabilidade financeira é favorecida quando a Lua está nesta mansão. Também é um bom momento para a magia relacionada ao amor, ao casamento e às amizades.

MANSÃO DEZOITO
Al-Qalb (O Coração do Escorpião)

POSIÇÃO: 8° 34' 17" de Escorpião a 21° 25' 43" de Escorpião

PALAVRAS-CHAVE: Proteção contra energias negativas, proteção da saúde, exposição de inimigos.

Esta mansão pode representar perigo e ameaça. É um momento para se proteger contra quaisquer energias ou influências negativas. A magia para proteger e fortalecer sua saúde, principalmente o estômago, é recomendada neste momento. A energia desta mansão é incrivelmente poderosa, mas convém não ativar o lado pior dela, combinando-a com outras formas de magia.

MANSÃO DEZENOVE
Al-Shaulah (O Rabo do Escorpião, ou A Picada)

POSIÇÃO: 21° 25' 43" Escorpião a 4° 17' 09" Sagitário

PALAVRAS-CHAVE: Agressão, assertividade, remoção de obstáculos, proteção.

Por ter a influência planetária de Marte, esta mansão tem uma energia agressiva. Ela pode ser um lembrete de que às vezes precisamos de um impulso para frente. É um bom momento para a magia que busca aumentar a autoconfiança e alcançar objetivos. Também pode ser usada para a magia que busca remover obstáculos, bem como para proteção.

MANSÃO VINTE
Al-Na'am (A Trave, ou Os Avestruzes)

POSIÇÃO: 4° 17' 09" de Sagitário a 17° 8' 34" de Sagitário

PALAVRAS-CHAVE: Alcançar objetivos, animais, viagens, escrita, negócios.

Esta mansão está intimamente associada a feitiços e rituais que o ajudam a alcançar seus objetivos. Concentre sua energia em sua magia e não no que está impedindo seu progresso. A energia desta mansão é favorável se você é escritora. Feitiços relacionados a todos os tipos de escrita, à superação do bloqueio do escritor e ao aumento da eloquência são favoráveis.

MANSÃO VINTE E UM

Al-Baldah (A Cidade)

POSIÇÃO: 17° 8' 34" de Sagitário a 0° de Capricórnio

PALAVRAS-CHAVE: Cura, conflito, ganhos, viagens, finais.

Embora esta mansão esteja associada a conflitos e discussões, é o momento perfeito para a magia relacionada a términos de qualquer tipo, mesmo que isso signifique que você precise ter perdas em prol do crescimento e do desenvolvimento pessoal. Este é um momento favorável para cura e para feitiços que se relacionam com a saúde e a convalescência após uma doença.

MANSÃO VINTE E DOIS

Sa'd al-Dhabih (O Mais Afortunado dos Assassinos)

POSIÇÃO: 0° de Capricórnio a 12° 51' 26" de Capricórnio

PALAVRAS-CHAVE: Cura, recuperação, liberdade, inícios, escape, libertação de restrições.

Nesta mansão, a magia associada à cura e à recuperação de doenças é favorecida. A fuga é um grande tema desta mansão, portanto, escolha feitiços que busquem ajudá-la a escapar das restrições que o prendem na vida e a se libertar de situações difíceis. É uma mansão de poder pessoal, que você pode acessar para desencadear mudanças positivas e novos começos.

MANSÃO VINTE E TRÊS

Sa'd Bulah (A Sorte do Engolidor)

POSIÇÃO: 12° 51' 26" de Capricórnio a 25° 42' 51" de Capricórnio

PALAVRAS-CHAVE: Divórcio, separação, liberdade, diminuição, cura.

Esta mansão está associada à magia relacionada à diminuição, ao divórcio, ao fim de uma amizade ou a um período da sua vida do qual você precisa se despedir para seguir em frente. Feitiços e rituais relacionados à conquista da liberdade estão intimamente ligados a esta mansão, assim como a magia de cura.

MANSÃO VINTE E QUATRO

Sad al Su'ud (O Mais Sortudo dos Sortudos)

POSIÇÃO: 25° 42' 51" de Capricórnio a 8° 34' 17" de Aquário

PALAVRAS-CHAVE: Sorte, prosperidade, dinheiro, finanças, aumento de renda, novos projetos, novos começos, casamento, amor.

Esta mansão está associada principalmente à magia que busca aumentar sua renda e trazer sorte e prosperidade. Quando a Lua está nesta mansão, às vezes isso pode significar o nascimento de um bebê, mas também a criação de uma ideia, por isso a magia associada a novos começos e a novos projetos é favorecida neste momento, assim como os feitiços relacionados ao amor e ao casamento.

MANSÃO VINTE E CINCO

Sa'd al Akhbiya (A Estrela Afortunada das Coisas Ocultas)

POSIÇÃO: 8° 34' 17" de Aquário a 21° 25' 43" de Aquário

PALAVRAS-CHAVE: Expansão, proteção, estabilidade, aterramento, crescimento, nutrição.

Esta mansão está associada à magia relacionada ao plantio, ao crescimento e à expansão, tanto no sentido literal quanto metafórico, relacionado a nutrir seu crescimento e desenvolvimento pessoal. Quando a Lua está nesta mansão, ela favorece feitiços de proteção, bem como rituais de aterramento que buscam trazer estabilidade.

MANSÃO VINTE E SEIS

Al Fargh al-Awwal (A Boca do Balde de Água)

POSIÇÃO: 21° 25' 43" de Aquário a 4° 17' 09" de Peixes

PALAVRAS-CHAVE: Amor, afeição, amizades, relacionamentos, atração, saúde, boa vontade.

Uma mansão de boa vontade e generosidade, ela apoia a magia com uma intenção benevolente, principalmente feitiços associados a relacionamentos, amizades, amor e afeição. Representa o romance e uma forma mais divina de amor. As magias relacionadas à saúde, à recuperação de doenças e a todos os tipos de cura também são favorecidas.

MANSÃO VINTE E SETE

Al-Fargh al-Thani (O Fundo do Balde de Água)

POSIÇÃO: 4° 17' 09" de Peixes a 17° 8' 34" de Peixes

PALAVRAS-CHAVE: Negócios, comércio, aumento de renda, cura, habilidades psíquicas.

Esta mansão está associada à magia para aumentar sua renda e obter lucro com negócios e comércio. Também está conectada às habilidades psíquicas, portanto, a magia que busca conectar você com suas próprias capacidades é favorecida, assim como qualquer forma de adivinhação. Esta mansão também está relacionada a feitiços e rituais de cura.

MANSÃO VINTE E OITO

Batn al-Hut (A Barriga do Peixe)

POSIÇÃO: 17° 8' 34" de Peixes a 0° de Áries

PALAVRAS-CHAVE: Conclusão, términos, união, coesão, orientação, realização de metas, alegria, consciência do potencial.

Essa mansão final está muito ligada ao tema da conclusão. É o momento perfeito para a magia associada aos términos, à conclusão de projetos e ao alcance de metas ou ambições. É o momento de colher os frutos do trabalho árduo. Feitiços que a ajudem a atingir seus objetivos são perfeitos agora, assim como a magia que a ajuda a tomar consciência de todo o seu potencial.

9

AUTOCUIDADO ASTROLÓGICO

O termo "autocuidado" tem significados diferentes dependendo da pessoa. Para alguns, significa tomar um longo e relaxante banho de banheira; para outros, significa dedicar um tempo só para si ou praticar meditação.

No mundo agitado em que vivemos hoje, o autocuidado é crucial para o nosso bem-estar físico, mental e emocional, mas encontrar as práticas de autocuidado que funcionam melhor no seu caso e a façam se sentir bem pode ser uma questão de tentativa e erro. A astrologia pode ajudá-la a se entender melhor e a encontrar as formas perfeitas de autocuidado para você. Por exemplo, o seu signo solar, seu signo lunar e o seu Ascendente representam quem você é, sua natureza básica e seus traços de personalidade. Sintonizar seus rituais de autocuidado com esses signos pode maximizar o efeito desses rituais e ajudá-la a aumentar seu bem-estar.

Neste capítulo, os signos do zodíaco são agrupados de acordo com seus elementos, pois esses grupos compartilham características semelhantes e, portanto, estão associados a rituais e práticas semelhantes. Para cada elemento, também é apresentada uma tiragem de tarô, para ajudá-la a se avaliar e a identificar áreas da sua vida que precisam de atenção. Lembre-se de que o autocuidado pode ser composto por várias pequenas ações que, em conjunto, ajudam a preservar ou restaurar a sua saúde física, emocional e mental.

Se você não se identificar com os rituais do seu elemento ou signo solar, examine as práticas relacionadas aos outros elementos; elas podem oferecer o que você precisa. As nossas necessidades mudam de acordo com o momento em que vivemos, portanto siga sua intuição e escolha as práticas de autocuidado mais apropriadas para você!

TERRA

TOURO

Aqueles nascidos neste signo têm uma inclinação natural para cuidar de si mesmos. Por ser um signo de Terra, Touro se revitaliza através da conexão com o mundo natural e aprecia os confortos da vida, principalmente aqueles que estimulam um ou mais sentidos.

Borrifar óleos essenciais no ambiente para perfumá-lo é algo que agrada o lado sensual de Touro, e você pode escolher óleos de acordo com a sua necessidade (por exemplo, para alívio do estresse, opte por óleo de lavanda). Uma boa combinação de aromas para Touro é misturar partes iguais de *patchouli*, cedro e bergamota. Ative outros sentidos ouvindo sua música favorita e vestindo algo confortável. Se você não tiver óleos essenciais, acenda uma vela perfumada ou um incenso.

A jardinagem também é outra boa opção para aqueles nascidos no signo do Touro. Cuidar de uma planta, regá-la e tirar as folhas mortas pode ser uma experiência muito gratificante e tranquilizadora, pois é possível sentir uma certa realização ao observar uma planta crescer, florir e dar frutos.

Como o signo de Touro rege a garganta e o pescoço, é importante manter o chakra da garganta equilibrado, já que ele rege a comunicação e a autoexpressão. Exercícios de alongamento do pescoço para liberar qualquer tensão nessa área do corpo podem ser úteis, assim como carregar com você cristais azuis como a água-marinha, o lápis-lazúli e a celestita, para restaurar o equilíbrio desse chakra.

Os taurinos se sentem muito bem seguindo uma rotina, por isso sempre reserve na sua agenda um horário do dia ou da semana para se dedicar a alguma forma de autocuidado.

VIRGEM

O autocuidado é muito importante para os virginianos, visto que eles têm uma tendência a pensar demais e a se preocupar. As atividades de autocuidado podem ajudar a canalizar os pensamentos desses nativos de forma construtiva.

Como Virgem é um signo de Terra, a jardinagem pode despertar nos virginianos o sentimento de paz interior. A conexão com a natureza e o cultivo do solo podem ser experiências de ancoramento muito gratificantes e ajudar a trazer uma sensação de estabilidade e equilíbrio, bem como de realização. A meditação e a atenção plena ajudarão a acalmar a mente superativa de Virgem, assim como o hábito de carregar pedras de quartzo rosa, ágata-rendada azul, ametista e selenita, ou mantê-las ao lado da cama à noite.

Por ser um signo associado ao trabalho árduo, os virginianos sentem um sentimento de realização a cada tarefa concluída. Faça uma lista realizável e realista de todas as tarefas que você deseja concluir a cada dia e sinta satisfação ao riscar cada uma delas da lista!

Os virginianos gostam de viver e trabalhar num ambiente limpo e arrumado, por isso parte da sua rotina de autocuidado pode consistir em arrumar a casa, seu altar ou seu quarto. Isso pode ser tão simples quanto aspirar o pó ou organizar as roupas, separando as que você não usa mais e doando-as para outras pessoas. Um ambiente organizado ajuda a trazer uma sensação real de estabilidade e segurança aos virginianos.

Regido por Mercúrio, Virgem está sempre com a mente ativa. A expansão do conhecimento e o desenvolvimento de novas habilidades é uma excelente forma de autocuidado para os nativos deste signo. Pegue um livro que lhe interesse ou pesquise um assunto sobre o qual você sabe pouco.

CAPRICÓRNIO

O autocuidado é extremamente importante para os capricornianos viciados em trabalho, pois sua ambição e determinação muitas vezes os levam a trabalhar demais e esgotar suas forças. Cristais como o quartzo enfumaçado, o citrino e a cornalina podem ajudar a dar um impulso muito necessário à sua energia. Ter horas suficientes de sono todas as noites é crucial. Isso pode significar estabelecer um horário regular para dormir, tomar um banho quente e relaxante antes de se deitar ou ler um livro antes de dormir, em vez de passar horas em dispositivos eletrônicos como o celular ou o computador.

Assim como os outros signos da Terra, os capricornianos adoram aprender algo novo, principalmente se for com certa continuidade. O autocuidado na forma de aulas de yoga atrai este signo porque, além de ajudar a reduzir a ansiedade, é uma prática que sempre pode ser aprimorada, com muitas posturas a aprender.

O lado ambicioso de Capricórnio não conhece limites, mas isso pode significar que, enquanto você está perseguindo seus objetivos, você acaba não aproveitando os pequenos prazeres da vida. Faça uma caminhada em meio à natureza. Além de ajudar a reduzir a ansiedade, essa atividade lhe dará a oportunidade de apreciar as belezas da vida, como a mudança das estações ou um pôr do sol. A ambição dos capricornianos também pode fazê-los esquecer de se recompensar pelas pequenas conquistas. Se você limpou a cozinha, tome um cafezinho depois, para se fazer um agrado. Se terminou suas tarefas, assista ao seu programa de TV ou filme favorito. Não são apenas as grandes conquistas que importam!

AR

GÊMEOS

Como todos os signos de Ar, os geminianos são intelectuais e adoram expandir seu conhecimento em praticamente qualquer assunto, já que consideram todas as informações igualmente importantes e valiosas. Para os geminianos, a pesquisa é tão gratificante e agradável quanto a expansão da mente; portanto, para este signo de Ar, escolher um novo livro e reservar um tempo regular todos os dias para lê-lo é uma excelente forma de autocuidado.

Os geminianos estão sempre em movimento, por isso fazer uma meditativa ativa enquanto caminha pode ser uma forma muito benéfica de autocuidado. Se ficar sozinha com seus pensamentos, sem distrações, isso permitirá que sua mente divague durante a caminhada. Como os geminianos adoram fazer exercícios físico, isso oferece benefícios extras também. Exercícios vigorosos, como aulas de *spinning* ou zumba, são outras ótimas maneiras de esse signo do zodíaco liberar seu excesso de energia. Como os geminianos podem ter dificuldade para se manterem focados, manter uma rotina de exercícios variada ajudará a manter seu interesse e obter o máximo dos seus treinos.

Regidos por Mercúrio, o planeta da comunicação, os geminianos tendem a ser pessoas sociais e comunicativas. Reunir-se com os amigos é um ato de autocuidado que os ajuda a relaxar. Enquanto alguns signos se sentem exauridos quando passam um tempo na presença de outras pessoas, os nativos deste signo ficam cheios de energia na companhia de outras pessoas, principalmente os amigos, e adoram conhecer gente nova.

Outra maneira de os geminianos relaxarem é desafiando sua mente analítica e lógica com um um jogo de raciocínio. Isso pode significar completar um quebra-cabeça ou um jogo de palavras cruzadas, ou até mesmo um jogo de computador como forma de escapar da rotina.

LIBRA

Os librianos tendem a colocar os outros em primeiro lugar, por isso muitas vezes precisam ser lembrados de que o autocuidado não é um ato egoísta, mas, sim, crucial para o bem-estar. A decisão de reservar um tempo regularmente para fazer algo de que você goste, que seja apenas para você, seja o que for, é uma das melhores formas de autocuidado para os librianos. O simples ato de priorizar a si mesmo por um tempo é um ato poderoso e transformador de gentileza e cuidado consigo mesmo.

O autocuidado para um libriano inclui um tempo de solidão. Você processa melhor seus pensamentos e o que está acontecendo na sua vida se puder refletir sobre eles no seu próprio ritmo, principalmente se envolver algum tipo de confronto, ao qual os librianos não reagem bem.

Como bons comunicadores, os librianos muitas vezes acham útil manter um diário e expressar seus sentimentos por meio da escrita. Colocar todos os seus pensamentos no papel pode ajudá-lo a compreendê-los melhor e ter uma perspectiva mais ampla da sua vida. Sabendo que seus textos não serão vistos por mais ninguém além de você, você se sentirá mais livre para explorar a fundo as suas emoções e entender melhor seus sentimentos.

Procurar apoio e conversar com um amigo confiável ou um terapeuta sobre seus sentimentos também é uma ótima forma de autocuidado para os librianos. Como Libra necessita de equilíbrio em sua vida, carregar cristais como o citrino, a ametista, o quartzo rosa, o quartzo transparente e o lápis-lazúli com você ao longo do dia pode ajudar a restaurar seu equilíbrio. Beber bebidas desintoxicantes como chá feito de dente-de-leão, urtiga e trevo-vermelho também é uma ótima maneira de manter o equilíbrio físico, visto que Libra está associado aos rins, à lombar e ao sistema endócrino.

AQUÁRIO

Os aquarianos são excelentes solucionadores de problemas, mas seu desejo de ajudar a resolver os problemas dos que estão à sua volta pode esgotá-los facilmente. Eles precisam dar um tempo para sua mente regularmente, afastando-se do estresse da vida cotidiana. Os aquarianos acham que os quebra-cabeças e os jogos são uma forma muito benéfica de autocuidado, pois exigem suas habilidades naturais para solucionar problemas e os ajudam a concentrar a atenção e a consciência no momento presente, o que faz dessa atividade uma forma de *mindfulness*.

Os aquarianos têm um forte senso de justiça social, mas isso pode ser exaustivo se eles não encontrarem uma maneira de repor essa energia através do autocuidado. Embora tendam a ser amantes da tecnologia, a exposição constante aos problemas do mundo por meio dos noticiários e das redes sociais pode ser uma fonte de estresse. Passar um tempo longe do mundo e da tecnologia pode ajudá-los a processar seus pensamentos. O yoga é igualmente útil, pois dá um tempo para o cérebro aquariano relaxar, enquanto faz algum exercício leve. O hábito de carregar consigo cristais como ametista, celestina, ágata-rendada azul e fluorita pode reduzir o estresse e ajudar no relaxamento.

Como é um signo de Ar, Aquário adora ser desafiado intelectualmente. Uma forma perfeita de autocuidado seria ler um livro sobre um assunto sobre o qual ele sabe pouco ou até mesmo um livro que não seja do gênero que normalmente leem. Essa é uma escolha perfeita para um aquariano, pois é uma oportunidade de conhecer algo diferente e adquirir novos conhecimentos, ao mesmo tempo em que estimula a mente.

FOGO

ÁRIES

Como às vezes tem dificuldade para se manter focado, Áries pode se beneficiar com o hábito de anotar suas metas por escrito e o modo como pretende alcançá-las, pois ele tende a iniciar muitos projetos diferentes, sem concluir nenhum. Fazer uma lista das suas metas pode ajudá-lo a descobrir quais delas você realmente deseja alcançar, sem disperse muito a sua atenção, afinal, você não tem uma quantidade infinita de energia para dispender em vários projetos ao mesmo tempo! Isso pode ajudar a manter sua atenção focada nos projetos que realmente importam.

Por ser um signo de Fogo, Áries tende a estar sempre cheio de energia. Canalizar toda essa energia em algo produtivo, como algum tipo de exercício vigoroso, que o faça suar, será uma forma benéfica de autocuidado. Saia ao ar livre e vá correr, vá para a academia fazer musculação ou pratique ciclismo – qualquer coisa que o ajude a queimar o excesso de energia.

As pessoas nascidas neste signo tendem a ter uma vida ativa, por isso qualquer coisa que ajude a acalmar sua mente é uma boa forma de autocuidado. Borrifar no ambiente óleos essenciais como lavanda, *patchouli*, cedro e camomila pode realmente ajudar, assim como ouvir música suave. Crie uma *playlist* que o faça divagar e ouça-a sempre que precisar relaxar, especialmente à noite, antes de dormir. Uma boa rotina de sono é essencial para os ativos arianos, visto que eles muitas vezes precisam de ajuda para desacelerar e relaxar à noite. Eles podem precisar fazer uma atividade mais suave, como yoga ou pilates, antes de ir para a cama ou tomar uma xícara de chá de camomila, lavanda e maracujá antes de dormir.

LEÃO

Por ser um signo competitivo, Leão adora ser desafiado. Participar de atividades que lhe permitam dar vazão à sua natureza competitiva e liberar um pouco de estresse pode ser um autocuidado muito necessário. Seja praticando um esporte de equipe ou individual, fazer uma atividade física é indispensável para os leoninos. Se você não se interessa por esportes, pense na possibilidade de correr com um amigo tão competitivo quanto você ou estabelecer metas alcançáveis na academia.

Os leoninos são criativos, por isso fazer algo em que possam usar sua criatividade é uma exceente forma de autocuidado. Experimente algo novo como pintura ou bordado, qualquer coisa que permita que você expresse seus sentimentos e emoções. Se isso não for do seu interesse, um livro de colorir para adultos pode lhe dar a chance de relaxar ao mesmo tempo em que usa a criatividade.

Os leoninos são perfeccionistas e podem colocar uma grande pressão sobre si mesmos para acertar sempre. Quando não conseguem fazer algo menos do que consideram perfeito, podem chafurdar em pensamentos autocríticos. Os nativos deste signo se beneficiam da meditação, pois elas limpar a mente da tagarelice interior e do estresse. Aprender exercícios de respiração que acalmem também é uma ótima forma de autocuidado para os leoninos, pois é algo que pode causar uma sensação de paz em qualquer situação estressante.

Conhecidos por não serem pessoas que acordem cedo, os leoninos podem se beneficiar de uma rotina matinal de saudação ao Sol para ajudar a energia a fluir. Essa prática traz benefícios duplos, visto que o signo de Leão está associado à coluna vertebral e à região lombar, por isso qualquer forma de alongamento pode ajudar a aliviar a tensão muscular.

SAGITÁRIO

Os sagitarianos adoram viajar e explorar novos lugares, mas você não precisa gastar uma fortuna em viagens para obter os mesmos benefícios. Explorar lugares mais próximos de casa, no país em que você vive, pode ser igualmente emocionante. Passeios de um dia para lugares novos podem ser uma forma estimulante de autocuidado para este signo.

A exploração de algo novo se aplica a todas as áreas da vida e incluir alguma variação na sua rotina diária pode ajudar a nutrir a sua alma. Cultivar um novo *hobby*, fazer uma aula de culinária ou aprender um novo idioma são atividades revigorantes para este signo de Fogo. Por terem muita energia, os sagitarianos adoram se exercitar, por isso garanta que a sua rotina de exercícios seja diversificada, para que essa seja uma forma benéfica de autocuidado. Experimente um novo esporte ou participe de aulas sobre um assunto inusitado – qualquer forma de atividade que seja diferente da sua rotina habitual.

Sagitário rege os quadris, as coxas e as nádegas, por isso exercícios que ativam essas áreas do corpo são perfeitos para este signo de Fogo. Posturas que estendam os quadris estimulam o chakra do Sacro, na região lombar, e liberam a energia acumulada. Inclua um alongamento dos membros inferiores ou a postura do lagarto, da borboleta ou da pomba à sua prática de yoga para ajudar a liberar seu fluxo emocional. Use cristais como a cornalina, o olho-de-tigre, o citrino, a calcita laranja e a pedra-do-sol em contato com a pele, incrustrados em joias, pois isso pode ajudá-lo a aproveitar ao máximo a energia equilibradora dessas pedras.

ÁGUA

CÂNCER

A empatia natural dos cancerianos faz que eles absorvam muita energia dos seus entes queridos, o que pode levar a altos níveis de estresse. Reservar um tempo de solidão regularmente é uma boa forma de autocuidado para os cancerianos, pois eles precisam liberar a energia extra que estão carregando para poder recarregar suas baterias. Você não pode doar sua energia aos outros se você mesmo estiver sem energia! A família é importante para o canceriano, por isso, além de passar algum tempo sozinho, reúna-se regularmente com seus entes queridos, para que assim possa relaxar.

Por ser um signo de Água, não é nenhuma surpresa que Câncer encontre muita paz perto de corpos d'água, seja numa caminhada na praia ou à beira de um rio ou lago. Os cancerianos também acham que nadar é uma boa forma de autocuidado, pois os ajuda a liberar toda a energia que absorveram dos outros e a reduzir os níveis de estresse. Câncer pode se beneficiar de um banho de imersão quente e revigorante, para equilibrar suas energias e promover o relaxamento. Use sal amargo, pétalas de rosa, melissa e algumas gotas de óleo de eucalipto e de hortelã-pimenta. Tome esse banho restaurador na época da Lua cheia e deixe que as energias lunares aumentem o poder que a água tem de trazer relaxamento e tranquilidade. Se você tiver a pele sensível ou propensa a reações alérgicas, faça um teste de sensibilidade primeiro (veja a página 142).

Os cancerianos são as pessoas mais caseiras do zodíaco. Seu lar é importantíssimo para eles, por isso uma ótima forma de autocuidado é fazer melhorias na casa, seja decorando-a, limpando-a, organizando-a ou defumando-a regularmente, qualquer coisa que a ajude a ter a casa que deseja, para que ela seja um refúgio confortável e seguro do mundo lá fora.

ESCORPIÃO

Escorpião é conhecido pela sua intensidade, por isso esse signo pode se beneficiar de uma prática de autocuidado que ajude a acalmar sua mente. Os escorpianos acham muito difícil relaxar, pois estão acostumados a ter uma vida dinâmica e agitada; sua rotina de exercícios não pode ser diferente. Treinos de alta intensidade com intervalos, corridas com intervalos, levantamento de peso ou *kickboxing* são ótimas formas de autocuidado para Escorpião. A natureza vigorosa do exercício permite que você queime qualquer excesso de energia enquanto enfrenta desafios ao mesmo tempo. Escorpião também gosta de estar perto da água, o que significa que esportes aquáticos como caiaque, surfe, canoagem e hidroginástica também são ótimas opções de exercício.

Manter um diário é outra forma de autocuidado que, embora não seja fácil, pode trazer múltiplos benefícios mentais e emocionais. Os escorpianos tendem a manter suas emoções em segredo, mas o diário permite que eles expressem seus sentimentos e desabafem num espaço seguro. Carregar ou usar uma pedra de obsidiana, olho de tigre, pedra-da-lua, cornalina ou ágata ajudará a manter suas energias equilibradas e aterradas, para que você não fique emocionalmente sobrecarregada. A meditação também pode ter o mesmo efeito de aterramento para Escorpião, assim como o yoga e exercícios de respiração.

Por ser o signo da morte e do renascimento, Escorpião é atraído pelo invisível e pelo desconhecido. Livros de ocultismo são uma excelente forma de autocuidado, pois permitem que você explore um campo de estudo em que pode contemplar os mistérios da vida. O ato de ler em si também é muito relaxante para este signo, pois é uma forma de aprender algo novo e expandir seu conhecimento.

PEIXES

Os piscianos são amáveis e generosos por natureza, o que pode fazer deles alvo de exploração por parte de outras pessoas. Essa é uma das razões por que o autocuidado é importante para o bem-estar dos nativos deste signo. Peixes é o mais gentil dos signos de Água e prefere exercícios mais suaves, como caminhadas, yoga, pilates e Tai Chi. Atividades revigorantes, como nadar em piscinas ou em lagos, podem ser uma boa maneira de os piscianos recarregarem suas baterias.

Os piscianos são muito criativos e podem se beneficiar muito se deixarem essa parte da sua personalidade brilhar. Procure se expresse através de atividades como desenho, pintura, crochê, tricô, marcenaria ou qualquer outra atividade criativa que lhe permita usar sua imaginação fértil.

Peixes é o signo mais psíquico do zodíaco, por isso uma ótima forma de autocuidado é explorar essa parte de quem você é. A prática de qualquer método de adivinhação pode ajudá-lo a se conectar com esse aspecto do seu ser. Se você já pratica a adivinhação, experimente um método novo. Coloque uma pedra de ametista, lápis-lazúli ou sodalita sobre o seu Terceiro Olho (na testa) para abrir esse chakra e conectá-lo às suas habilidades psíquicas.

Peixes rege os pés, portanto qualquer cuidado com essa parte do corpo pode ajudar esse signo a relaxar. Reflexologia, massagem nos pés ou uma sessão de podologia são ótimas formas de autocuidado. Para pés cansados, faça um escalda-pés com sal amargo e 5 gotas de óleos essenciais de lavanda, cedro e hortelã-pimenta para cada litro de água morna (certifique-se de fazer um teste de sensibilidade primeiro. Veja a página 142). Relaxe enquanto seus pés descansam por 15 a 20 minutos.

1.
Como posso aprender a viver no momento presente?

2.
O que posso fazer para me sentir mais centrado?

3.
Como posso cultivar uma sensação de estabilidade na minha vida?

4.
Onde estou me esforçando demais no trabalho?

5.
Como posso ter mais equilíbrio entre o trabalho e a vida pessoal?

6.
Como posso aprender a apreciar as pequenas coisas da vida?

7.
No que devo dedicar meu tempo hoje?

TIRAGEM DE TARÔ PARA OS SIGNOS DE AR

1. Em que áreas da minha vida estou pensando demais?

2. Como isso está se manifestando como estresse na minha vida?

3. Como posso relaxar mais?

4. Como posso trazer minha consciência para o momento presente?

5. Como posso começar a priorizar mais o autocuidado na minha vida?

6. No que devo dedicar meu tempo hoje?

TIRAGEM DE TARÔ PARA OS SIGNOS DE FOGO

1. Em quais áreas da minha vida estou trabalhando demais?

2. Como posso diminuir o ritmo diário?

3. Como posso canalizar minha energia para me cuidar melhor?

4. Qual das minhas paixões posso usar como forma de autocuidado?

5. Como posso usar meu lado criativo para me ajudar a relaxar?

6. Que desafios devo buscar para promover o meu crescimento?

TIRAGEM DE TARÔ PARA OS SIGNOS DE ÁGUA

1. Onde na minha vida eu preciso relaxar mais?

2. Como minha criatividade pode ser usada para o autocuidado?

3. Onde estou absorvendo as emoções dos outros?

4. Como isso está me afetando?

5. Como posso liberá-las?

6. Como posso estabelecer limites saudáveis?

7. Como posso aprender a fluir mais com a vida?

Conclusão

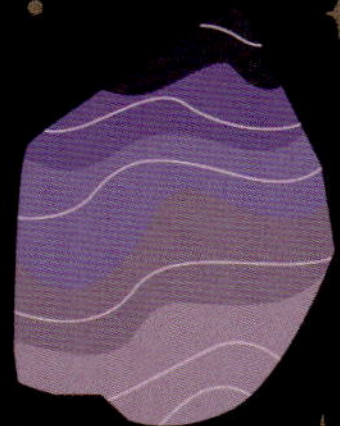

A astrologia é um instrumento incrível que pode ajudá-la a entender melhor quem você é. Ela também pode ser usada como uma forma de autocuidado, para auxiliá-la a nutrir seu corpo, sua mente e seu espírito. Ao analisar seu mapa astral, você expande a sua consciência e compreende suas motivações, suas crenças e tudo o mais que a faz ser quem você é. A astrologia pode uma chave para desvendar seu mundo interior e exterior, permitindo que você se conheça num nível profundo.

À primeira vista, esse campo de estudo pode parecer complicado, pois a astrologia tem uma linguagem própria, mas espero que este livro tenha ajudado você a entender os conceitos básicos, principalmente se estiver começando sua jornada astrológica. Também espero que a tenha auxiliado a aprender mais sobre diferentes aspectos do seu mapa astral e o que eles significam para você em sua vida.

Melhores calculadoras de mapa astral da internet:

1. astro-charts.com
2. astro.com
3. astro.cafeastrology.com/natal.php
4. costarastrology.com

Leituras Complementares

Astrologia em Geral

Jan Spiller. Astrology for the Soul.

Julia e Derek Parker. Parkers' Astrology, The Definitive Guide to Using Astrology in Every Aspect of Your Life.

Juliana McCarthy. The Stars Within You: A Modern Guide to Astrology.

Kris Brandt Riske. Llewellyn's Complete Book of Astrology: The Easy Way to Learn Astrology.

Louise Edington. The Complete Guide to Astrology.

Sue Tompkins. Aspects in Astrology.

Theresa Reed. Astrology for Real Life.

Os Planetas

Claire Gallagher e Caitlin Keegan. Body Astrology: A Cosmic Guide to Health, Healing and Harnessing the Power of the Planets.

Eleanor Barz. Gods and Planets: The Archetypes of Astrology.

Ellias Lonsdale. Inside Planets.

Mari Silva. Planets in Astrology (série).

Mari Silva. The Moon in Astrology: The Ultimate Guide to Moon Magic.

Robert Hand. Planets in Transit.

Sara Shipman. Real Life Astrology: Planets, Signs & Houses.

Steven Forrest. The Book of the Moon.

Steven Forrest. The Night Speaks: How Astrology Works.

Tamara Driessen. Luna: Harness the Power of the Moon to Live Your Best Life.

O Zodíaco

Carolyne Faulkner. The Signs; Decode the Stars, Reframe Your Life.

Linda R. Moon, Sun, Moon, and Rising Signs: A Complete Beginners Guide to the "Divine Trio" of Astrology.

Luna Sidana. Astrology: The 12 Zodiac Signs.

Mari Silva. Moon Signs.

Mari Silva. Sun Signs.

Marion Williamson. The Little Book of the Zodiac.

Silvia Hill. Astrology: Unlocking the Secrets of the Zodiac, Tarot, and Numerology.

Astrologia Ocidental

Ashish Gujra. Vedic and Western Astrology: An Integrated Framework.

Demetra George. Astrology and the Authentic Self.

J. Lee Lehman (traduzido para o inglês). Astrology for Initiates: Astrological Secrets of the Western Mystery Tradition.

Kenneth Bowser. An Introduction to Western Sidereal Astrology.

Nicholas Campion. The History of Western Astrology.

ÍNDICE REMISSIVO

Agradecimentos

Quero agradecer imensamente a todos os que me apoiaram nesta incrível jornada e acreditaram em mim e nas minhas habilidades. Estou verdadeiramente grata além das palavras. Nunca poderia ter escrito este livro sem vocês, que me ajudaram a acreditar em mim mesma. Vocês tornaram possível alcançar mais do que eu jamais poderia ter imaginado.

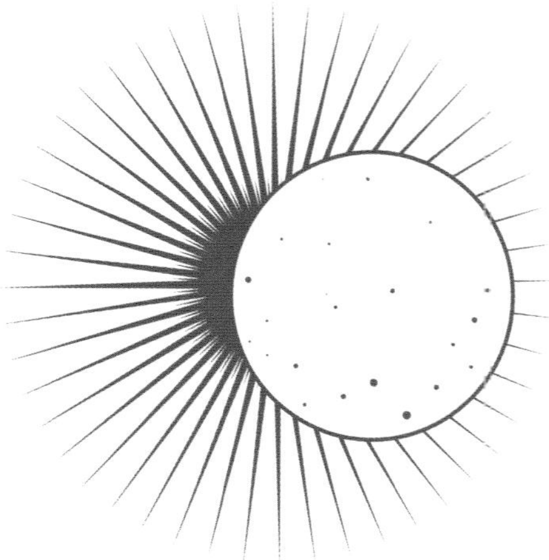

AC
Complete seu mapa astral com os